国家中等职业教育改革发展示范学校特色教材
（物流服务与管理专业）

仓储作业实务

杨　莉　主　编

孟　军　主　审

中国财富出版社

图书在版编目（CIP）数据

仓储作业实务 / 杨莉主编 . —北京：中国财富出版社，2015.2

（国家中等职业教育改革发展示范学校特色教材 . 物流服务与管理专业）

ISBN 978 - 7 - 5047 - 5577 - 3

Ⅰ. ①仓…　　Ⅱ. ①杨…　　Ⅲ. ①仓库管理—中等专业学校—教材　　Ⅳ. ①F253.4

中国版本图书馆 CIP 数据核字（2015）第 044197 号

策划编辑　葛晓雯		**责任印制**　何崇杭	
责任编辑　葛晓雯		**责任校对**　饶莉莉	

出版发行	中国财富出版社（原中国物资出版社）	
社　　址	北京市丰台区南四环西路 188 号 5 区 20 楼	**邮政编码**　100070
电　　话	010 - 52227568（发行部）	010 - 52227588 转 307（总编室）
	010 - 68589540（读者服务部）	010 - 52227588 转 305（质检部）
网　　址	http://www.cfpress.com.cn	
经　　销	新华书店	
印　　刷	中国农业出版社印刷厂	
书　　号	ISBN 978 - 7 - 5047 - 5577 - 3/F · 2321	
开　　本	787mm×1092mm　1/16	**版　　次**　2015 年 2 月第 1 版
印　　张	13.25	**印　　次**　2015 年 2 月第 1 次印刷
字　　数	275 千字	**定　　价**　30.00 元

前　言

　　仓储作业是现代物流活动的一个重要环节，仓储管理技术水平的高低将在很大程度上影响物流运作的效率。提高仓储管理技术水平是现代物流管理的重要任务之一。

　　《仓储作业实务》是中等职业学校物流服务与管理专业的核心课程，其培养目标是仓储中高级技能型人才。本书主要针对第三方仓储物流企业，根据课程内容特点采取任务驱动教学模式，在深入企业进行调研的基础上，参考物流师国家职业资格标准，确立职业岗位工作过程中不同阶段的工作任务，将工作任务内容转化为学习领域课程内容，与企业合作，共同进行课程的开发和设计。按照学生职业能力成长的过程，培养学生仓储作业组织和管理的基本技能和实际操作能力，能够胜任现代物流企业仓储作业管理相关岗位工作。

　　本书共分七个模块，包括走进仓储、仓储设施与设备、入库作业、在库作业、出库作业、退货作业、维护仓库整洁与安全。每个模块又分为若干任务，每个任务中给定了学生任务以及为完成任务必须掌握的一些相关理论知识，对学生进行实践操作提供理论指导和帮助，体现了理实一体化特点。

　　本书由贵州省财政学校杨莉担任主编，负责确定教材大纲及体例结构，并编写模块一、模块二。本书由孟军担任主审，负责教材的审稿工作。本书参编人员还包括张玥、陈军军、蒙金玲等。具体分工如下：张玥负责编写模块三、模块四，陈军军编写模块五、模块六，蒙金玲编写模块七。本书的编写得到了北京络捷斯特科技发展有限公司及有关院校的大力支持，在此一并表示衷心感谢。

　　本书参阅了国内外仓储作业实务有关的论著与资料，在此，对各位专家、学者和教师表示诚挚的感谢。尽管编者付出了很大的努力，但错误和不妥之处在所难免，希望读者不吝指正，我们将不胜感激。

编　者

2015 年 1 月

目　录

模块一　走进仓储

任务一　仓储认知

◎ 任务目标

1. 了解仓储的基本概念；
2. 了解仓储的地位及其作用；
3. 了解我国仓储的现状及其主要存在的问题。

✕ 任务描述

学生李青要进行毕业实习，根据学校的安排，他来到长风仓储物流中心，仓储主管刘毅作为他的企业导师。实习的第一天，刘毅主管要带李青参观 1 号仓库，体验仓储环境，并一一讲解仓储的知识，让李青对仓储有一个基本的认知。

⊕ 任务资讯

一、仓储的基本概念

（一）仓储的概念

我们经常涉及库存、储备及仓储这几个概念，而且经常被混淆。其实，三个概念虽有共同之处，但仍有很大的差别，认识这其中的区别有助于理解物流中"仓储"的含义。

库存是指处在储存状态的物品，广义的库存还包括处于制造加工状态和运输状态的物品。

储备是指储存起来以备急需的物品。储备是有目的地、能动地、主动地储存起来的物品。储备分为当年储备、长期储备、战略储备三种。库存包含了储备。

仓储是保护、管理、储藏物品的行为或活动。它是包含库存和储备在内的一种广泛的经济现象，不论社会形态如何，仓储都会存在。仓储的概念和运输的概念相对应，仓储是以改变"物"的时间状态为目的的活动，它通过克服供需之间的时间差异而使产品获得更好的效用。

（二）仓储管理的含义

"仓"也称为仓库，是存放物品的建筑物和场地，可以是房屋建筑、大型容器、洞穴或者特定的场地等，具有存放和保护物品的功能；"储"表示收存以备使用，具有收存、保管、交付使用的意思，当适用有形物品时也称为储存。"仓储"则为利用仓库存放、储存未即时使用的物品的行为。

仓储管理就是对仓库及仓库内的物资所进行的管理，是仓储机构为了充分利用所具有的仓储资源提供高效的仓储服务所进行的计划、组织、控制和协调过程。具体来说，仓储管理包括仓储资源的获得、仓储商务管理、仓储流程管理、仓储作业管理、保管管理、安全管理多种管理工作及相关的操作。简单地说，仓储管理就是对仓库和仓库内储存的商品所进行的管理，是仓储机构为了充分利用所拥有的仓储资源来提供仓储服务所进行的计划、组织、控制和协调的过程。

二、仓储的地位及作用

在物流系统要素中，运输与仓储是并列的两大主要功能要素，运输承担了改变"物"的空间状态的重任，而仓储承担了改变"物"的时间状态的重任。

（一）仓储可以创造"时间效用"

"时间效用"是改变"物"从供给者到需要者之间经历的时间差所产生的效用。也就是说，物流通过仓储等手段能够以科学系统的方法弥补乃至改变时间差，达成了时间上的最优配置，保持和充分实现物品的效用。从这个意义上说，仓储提高了物的使用价值，实现了仓储物的增值。

（二）仓储是社会物质生产必不可少的条件

生产的复杂性决定了在生产领域中会出现不均衡、不同步的现象，因此为了使生产和消费能够相协调，必须对生产的产品进行一定时间的仓储保管。此外，出于合理使用资源、防止由于产品过剩而造成浪费的现象，以及出于应付突发事件和自然灾害的要求，社会也必须要对生产的产品进行定时定量的储备。因此，在现代物流领域，仓储对整个物流过程起到了调节的作用，被称作"调节阀"。

三、我国仓储现状及其主要存在的问题

（一）仓储成本高

仓储难是整个物流业存在的普遍现象，严格的土地管理政策使仓储企业取得土地的难度加大，土地取得成本和使用成本较高。

（二）仓库布局不够合理

由于缺乏统一的国家标准和专业性的规划设计，各地已经建成的新仓库的布局存在许多的问题。

（三）仓储设备和技术发展不平衡

由于仓储业的投资能力有限，面对急剧增长的仓储需求，新型库房数量短缺，配送车辆、集装技术、拣选技术、信息技术等急需提升和改造。

（四）仓储企业规模偏小、经济效益偏低

虽然近年来我国仓储企业的业务量与主营收入有较大幅度的增加，但利润还是较低。据前瞻网《2013—2017 年中国仓储行业市场前瞻与投资战略规划分析报告》调查数据显示，仓储企业每单位平均占有资产仅为 2533 万元。所有物流主体企业中，平均业务收入利润率仅为 8.77％。

（五）仓储方面的人才缺乏

发展仓储行业，既需要操作型人才，更需要管理型人才，而我国目前这两方面的人才都很匮乏。

（六）仓储管理方面的法律、法规不够健全

在仓储管理法制方面，我国的起步较晚，已经建立的仓储方面的规章制度随着生产的发展和科学水平的提高，已经不适合实际情况。至今我国还没有一部完整的《仓库法》。同时，我国仓储管理人员的法制观念不强，不会运用法律手段来维护企业的利益。

任务实施

步骤一：认识仓储功能区域

1. 收货理货区

进入 1 号仓库后，李青跟着仓储主管刘毅首先来到收货理货区，看见工作人员正在进行货物验收，如图 1-1 所示。

图 1-1　入库货物接收

收货理货区主要用于入库货品的暂存及交接、码盘、验收等作业。

2. 现场控制区

来到了现场控制区，李青看到工作人员正在使用电脑紧急处理公司业务订单，如图 1-2 所示。

图 1-2　业务订单处理

现场控制区主要用于办公控制（要求有电脑、打印机、条码打印机），包括订单处理及货品条码打印等整个仓库的信息系统管理工作。

3. 托盘暂存区和设备存放区

离开现场控制区，来到了托盘暂存区和设备存放区，李青看到了托盘和搬运车等仓库搬运工具，如图 1-3 所示。

图 1-3 托盘暂存区和设备存放区

托盘暂存区主要用于托盘的放置和保管，设备存放区主要用于存放搬运车、堆高车、手推车、周转箱等设备。

4. 托盘货架区和栈板货架区

他们转身来到了托盘货架区，看见工作人员正在进行货物上架；托盘货架区旁边是栈板货架区，如图 1-4 所示。

图 1-4 托盘货架区和栈板货架区

仓库的货物就存放在托盘货架区的，即托盘货架区主要用于对货品进行仓储；而旁边的栈板货架区主要用于货品的补货及分拣作业。

5. 流通加工区

再往前走，他们来到了流通加工区，李青看见工作人员正在进行货物的打包，如图 1-5 所示。

图 1-5　货物的打包

流通加工区主要用于对拣选完货品的打包工作以及相应的流通加工作业。

6. 发货理货区

最后，他们来到了发货理货区，李青看见作业人员正在从传送带上将打包完成后的货物往下搬卸，准备进行发货，如图 1-6 所示。

图 1-6　收货理货区的货物搬卸

发货理货区是今天参观的最后一个功能区域，该区域主要用于出库货品的暂存、复核以及发货交接等业务。

最后，参观完仓储的整个功能业务区后，仓储主管刘毅让李青思考：长风物流仓储中心的功能业务区域是怎么布局的？

步骤二：绘制仓储的功能区域结构图

李青根据参观学习，结合网上查阅其他仓库的布局图，绘制了长风仓储的功能区域布局图（示意图），如图1-7所示。

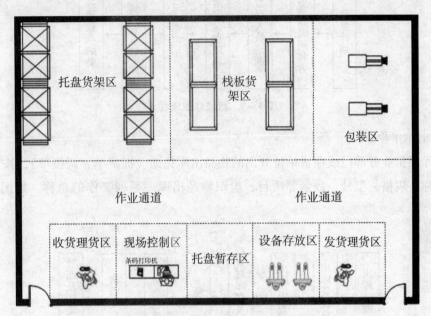

图1-7　长风仓储的功能区域布局

步骤三：认识仓储的作业活动

接下来，刘毅带领李青进一步参观、讲解长风仓储的核心作业活动。

长风仓储主要涉及的仓储作业活动包括：入库作业、盘点作业、出库作业以及配送作业等。

1. 入库作业

仓储部门按照存货方的要求合理组织人力、物力等资源，按照入库作业程序，认真履行入库作业各环节的职责，及时完成入库任务的工作过程。如图1-8所示。

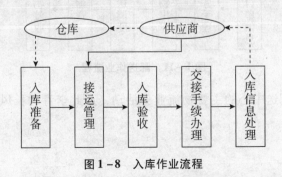

图1-8　入库作业流程

2. 盘点作业

仓储部门定期对在库的物品进行账目和数量上的清点作业。如图1-9所示。

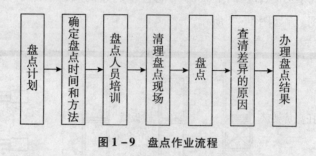

图1-9 盘点作业流程

3. 出库作业

仓库根据业务部门或存货单位开出的物品出库凭证（提货单、调拨单），按其所列物品名称、规格、型号、数量等项目，组织物品出库一系列工作的总称。如图1-10所示。

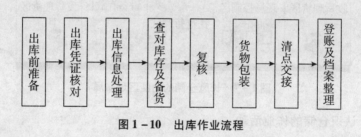

图1-10 出库作业流程

4. 配送作业

配送部门按客户的要求及时将仓库发货区的货物派送到客户手中的活动。如图1-11所示。

图1-11 配送作业流程

上述是该仓储配送中心的主要物流业务活动，至此李青对长风仓储有了一个比较清楚的初步认知。

任务评价

表 1-1   结果评价考核

步骤	序号	考核标准	分值（分）	扣分
步骤一：认识仓储功能区域	1	能够通过参观，了解仓储中心的各个区域的功能、作用	30	
步骤二：绘制仓储的功能区域结构图	2	能够根据参观，绘制出仓储的功能区域结构图	30	
步骤三：认识仓储的作业活动	3	能够说出仓储的主要作业活动	40	
合计			100	

任务实训

南宁保税物流中心是以北部湾港口为平台，以公路、铁路运输为载体，以联检、通关部门为依托的大型多功能复合物流中心。通过保税物流功能、公共仓储功能、商品展示贸易功能、综合服务功能的叠加，为完善西南出海大通道和建设中国—东盟自由贸易提供了便捷的物流服务。其中，南宁保税物流中心提供的公共仓储服务，建设了白糖、粮食、冷藏保温、钢材等专业库区，打造"南糖北运""北粮南运""冷链"等大宗商品仓储贸易的转运基地。

请通过网络或图书馆进行资料收集，完成南宁保税物流中心公共仓储服务的分析报告。

知识考核

（一）单选题

1. 仓储是以改变"物"的（　　　）状态为目的的活动。

A. 性质

B. 时间

C. 空间

D. 价值

参考答案：B

2. 仓储对整个物流过程起到的作用是（　　）。

A. "转换器"

B. "调节阀"

C. "发动机"

D. "输送带"

参考答案：B

3. 仓储管理是仓储机构为了充分利用所具有的仓储资源提供高效的仓储服务所进行_____、_____、_____和_____过程（　　）。

A. 计划、组织、沟通、反馈

B. 计划、组织、控制、协调

C. 计划、领导、控制、协调

D. 计划、领导、沟通、协调

参考答案：B

（二）判断题

1. 运输承担了改变"物"的时间状态的重任，而仓储承担了改变"物"的空间状态的重任。（　　）

参考答案：错

2. 我国仓储行业的发展，既需要掌握一定专业技术的人才，也需要操作型人才，更需要仓储管理型人才。（　　）

参考答案：对

任务二　仓储基层岗位设置

任务目标

1. 了解仓库中基层岗位的类型；

2. 掌握仓库基层工作人员的工作职责。

任务描述

参观完仓储中心后，学生李青向刘毅主管提了一个问题：如果自己将要从事仓储方面的工作，有哪些工作岗位是可以选择的？为了让李青对仓储的基层工作岗位有更深刻的认识，刘毅主管带着李青对长风仓储的各个与仓储相关的工作岗位进行了参观、了解、学习。

⊕ 任务资讯

一、仓库基层工作人员的分类

在仓库或仓储部门，基层工作人员的分类如图 1 – 12 所示。

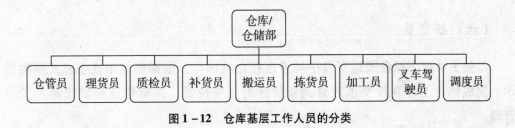

图 1 – 12　仓库基层工作人员的分类

二、仓库基层工作人员的工作职责

（一）仓管员

负责商品的盘点、在库管理、商品出入库工作做到账账相符；随时掌握库存状态，保证物资设备及时供应，充分发挥周转效率；定期对库房进行清理，保持库房的整齐美观，使物资设备分类排序，存放整齐，数量准确；熟悉相应物资设备的品种、规格、型号及性能，填写分明；搞好库房的安全管理工作，检查库房防火、防盗设施，及时堵塞漏洞。

（二）理货员

确保按票据、按唛理清货物、交接清楚及货签、理货单、事故报表、质量报告的正确及时；认真复核货垛，做到货物数量、垛数相符；清点货物数量是否准确，检查分唛是否清楚，检查堆码是否符合要求，货垛标识及作业后的现场清理；发现违章作业立即制止。

（三）质检员

熟悉检验的各项制度和规定，准确、熟练掌握商品的各项质量指标及检验方法；协助领导做好宣传质量的重要性，帮助作业人员提高对质量重要性认识；保证进出库商品的质量，充分发挥质量监督员作用；对检验结果的真实性和准确性负责。

（四）补货员

根据补货信息或根据自己的判断进行补货，确保拣货区有充足的货物，以免造成缺货，影响库内作业；检查储位信息与补货上架的货品是否一致；补货要依据商品先进先出的原则。

（五）搬运员

负责对需要人工搬运的货物进行搬运作业，注意搬运过程中人员安全及货物安全。

（六）拣货员

驾驶手动液压托盘搬运车及手动液压托盘堆垛车，根据拣货单或手持终端的指示，完成拣货工作并按要求放置到备货区的相应位置；拣货作业质量控制及安全管理。

（七）加工员

在开箱拆零、拆包分装进行必要的流通加工。如：贴标签、重新包装、切割等；注意货品的安全及流通加工环节的质量。

（八）叉车驾驶员

负责驾驶叉车，进行货物的装车、卸车；负责设备的维护、现场货位标识的管理及维护；负责分工范围内的货品、叉车及其他设施安全。

（九）调度员

负责对订单作计划，根据计划进行调度工作，汇总后订单上报销售部门，负责物资运输、车辆、搬运员搬运的调度工作，以及物资装卸过程中监督管理工作。

很多企业的基层岗位设置并没有进行细分，如很多仓库都将基层操作人员统称为仓管员，仓管员要负责完成仓库中货物的入库、出库、流通加工、移库、补货、盘点等仓储作业。只有在实际作业发生时，才会有对应的称呼。如：收发货人、理货员、盘点员、流通加工员、补货员等。

各个企业基层岗位设置的名称也并不是完全统一的，但是到具体的岗位职责时就会发现，虽然岗位名称存在差异，但是工作的内容却有很多是相同的。

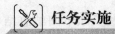 **任务实施**

步骤一：认识仓储职能部门

仓储主管刘毅带领李青分别到采购部、市场部、运输配送部、行政部和仓储部进行参观学习，各个部门的负责人认真给李青讲解了部门主要职责以及岗位设置，具体如表1-2所示。

表1-2　　　　　　　　　　　部门主要职责及岗位设置

部门	部门主要职责及岗位设置
采购部	采购部负责整个公司设施、设备以及办公用品等所有物料的采购以及预算，控制采购成本。下设采购部经理和采购助理
市场部	负责公司仓储业务、配送业务的销售以及客户关系的挖掘和维护。该部门设市场部经理和市场助理
运输配送部	主要负责公司承接客户的运输、配送业务，保障货物的安全、及时送达客户手中；进行运输费用的核算以及高效低成本运输方案的制订与实施。下设运输配送部经理、客服员、运输调度员、场站作业员、收/发员、配送员
行政部	负责公司人员招聘、行政事务管理、员工薪水处理以及后勤事务的管理。下设人事行政部经理、会计出纳、人事管理员、后勤人员
仓储部	负责公司仓储业务规划、设计与实施，对于客户存储的货物进行保管，进行仓储成本控制，制定有效的库存控制策略，合理安排货物出入库业务。该部门下设仓储经理、仓库管理员、仓库理货员、单证信息员、叉车驾驶员

步骤二：绘制长风仓储岗位结构图

李青根据对长风仓储职能部门的参观学习，绘制了长风仓储的岗位结构图，如图1-13所示。

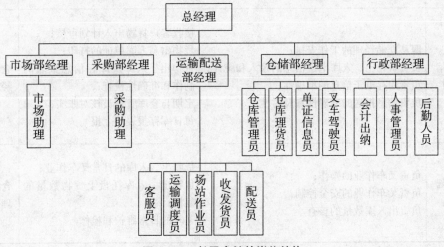

图1-13　长风仓储的岗位结构

步骤三：认识仓储岗位群主要岗位的职责和工作内容

紧接着，刘毅又对李青介绍了仓储岗位群的相关知识。李青做了如下归纳总结（如表1-3所示）：

表1-3   仓储岗位群主要岗位的职责和工作内容

岗位	岗位职责	主要工作内容	汇报对象
仓储经理	负责新仓库的选址及仓库货物的布局设计； 负责所属库区的全面管理工作； 负责仓储管理方案的优化和监督执行； 负责库区仓库所属人员、装备的管理； 负责仓库管理绩效考核担当	项目投标及仓库管理方案的设计； 仓储工作计划的制订和预算编制； 仓储管理制度的制定、修订； 仓库作业异常事件的处理； 仓库日常作业的巡视和指导	分公司经理
仓库管理员	负责货物进出仓库管理与协调； 负责货物的作业品质管理； 负责货物库存的准确性； 负责货物库存实物信息台账； 负责库房及货物的安全性； 负责库房装备的使用维护； 负责所属库房的环境卫生	货物日常进出仓库计划的安排； 货物出、入库及库存台账的制作； 货物定期盘库的组织实施； 定期与信息员核对账实信息及装卸工的作业管理； 库房日常作业成本的填报、统计和控制； 库房每日安全隐患检查	仓储经理、客户经理
仓库理货员	服从仓库管理员的工作安排； 负责库房日常出、入库作业操作； 负责当班出、入库记录信息的填报； 负责当班出、入库货物品质的把控； 负责当班出、入库数量的核对	货物日常入库的接收、码放和出库的备货； 货物出、入库的清点和单据办理； 货物出、入库垛卡信息的填写； 库房定期的货物盘库清点、登记； 库房卫生的清扫整理	仓库管理员
单证信息员	服从仓储经理的工作安排； 负责货物出、入库电子信息的录入和统计； 负责库存电子信息的准确性； 负责信息报送的准确性和及时性	接收客户货物出入计划审核； 货物出、入库单证的打印； 货物出、入库及库存信息报表的制作和准确性检查； 定期与仓库管理员核对账实； 每日库存报表的上报	仓储经理
叉车驾驶员	负责叉车作业的操作； 负责叉车作业的安全控制； 负责出入库数量的核查	货物出、入库的日常叉车作业； 货物出、入库托盘上货物数量的复核； 叉车的日常维护和检修	仓库管理员

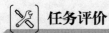

 任务评价

表 1 – 4　　　　　　　　　　　结果评价考核

步骤	序号	考核标准	分值（分）	扣分
步骤一：认识仓储职能部门	1	能够了解仓储各职能部门的主要职责和下设岗位设置	30	
步骤二：绘制长风仓储岗位结构图	2	能够绘制仓储岗位结构图	30	
步骤三：认识仓储岗位群主要岗位的职责和工作内容	3	能够说出仓储岗位群主要岗位的职责和工作内容	40	
合计			100	

任务实训

中百仓储配送中心是中百集团的下属企业，主要负责贵阳市市内的所有的中百超市的配送业务。因业务量的增长，现在欲建立一个新的仓储配送中心，规划仓储部设置的岗位有：仓储经理、仓库管理员、仓库理货员、单证信息员、叉车驾驶员。

请简要描述上述的岗位的职责和主要工作内容，完成表 1 – 5。

表 1 – 5　　　　　　　　各岗位的职责和主要工作内容

岗位	岗位职责	主要工作内容
仓储经理		
仓库管理员		
仓库理货员		
单证信息员		
叉车驾驶员		

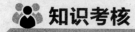 **知识考核**

（一）识图题

表1-6为长风物流中心1号仓库员工的工牌信息，请根据提供的工牌信息填写其对应工作岗位及其工作职责。

表1-6　　　　　　　长风物流中心1号仓库员工的工牌信息

工牌	工作岗位	工作职责
 **物流仓储中心1号仓库 姓名：李刚 部门：仓储部 职位：拣货员 编号：00061		
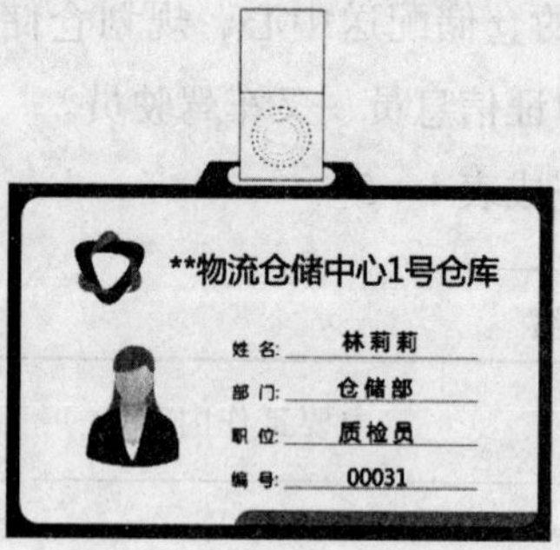 **物流仓储中心1号仓库 姓名：林莉莉 部门：仓储部 职位：质检员 编号：00031		
 **物流仓储中心1号仓库 姓名：金刚 部门：仓储部 职位：加工员 编号：00071		

工牌	工作岗位	工作职责
**物流仓储中心1号仓库 姓名：蓝晶 部门：仓储部 职位：调度员 编号：00091		
**物流仓储中心1号仓库 姓名：韦玮 部门：仓储部 职位：补货员 编号：00041		
**物流仓储中心1号仓库 姓名：何明 部门：仓储部 职位：仓管员 编号：00011		
**物流仓储中心1号仓库 姓名：陈活 部门：仓储部 职位：仓库主管 编号：00001		

模块二　仓储设施与设备

任务一　认识仓库分类

⌖ 任务目标

1. 了解仓库的概念及其功能；
2. 了解仓库的主要分类；
3. 掌握不同类型的仓库在企业中的具体应用。

✂ 任务描述

为了使实习生李青掌握仓库类型的知识，仓储主管带领李青参观物流中心不同作业类型的仓库，并要求李青参观完毕后上交仓库类型认知报告。

⊕ 任务资讯

中华人民共和国国家标准《物流术语》中将"仓库"定义为：仓库（Warehouse）是保管、储存物品的建筑物和场所的总称。

一、仓库的功能

仓库作为物流服务的据点，在物流作业中发挥着重要的作用。一般来讲，仓库具有以下功能：

（一）储存和保管功能

储存和保管功能是仓库最基本的传统功能。仓库具有一定的空间，用于储存物品，并根据物品的特性，仓库内还配有相应的设备，以保持存储物品的完好性，如储存精密仪器的仓库需要防潮、防尘、恒温等，应设置空调、恒温等控制设备。

（二）配送和加工功能

现代仓储的功能已经由保管型向流通型转变，即仓库由原来的储存、保管货物的中心向流通、销售中心转变。仓库不仅具有储存、保管功能，还能根据客户需求提供流通加工（装配、简单加工、包装、开价、分拣）、配送等服务。这样既实现了储存与运输的结合，拓展了仓库的经营范围，又可以避免多次储存、重复运输的不合理现象，物流效率得到了提高。

（三）调节供需的功能

创造物质的时间效用是由物流系统的仓库来完成的。现代化大生产的形式多种多样，从生产和消费的连续性来看，每种产品都有不同的特点，有些产品的生产是均衡的，而消费是不均衡的；还有一些产品生产是不均衡的，而消费却是均衡的。因此，要使生产和消费协调起来，就需要仓库来起到"蓄水池"的作用以调节供求与需求的差异性，发挥创造产品的时间效用的作用。

（四）调节货物运输能力的功能

各种运输工具的运输能力差别较大，船舶的运输能力很大，海运船舶一般是万吨级，内河船舶也有几百吨至几千吨。火车的运输能力较小，每节车厢能装运 10～60 吨，一列火车的运输量至多几千吨。汽车的运输能力相对较小，一般在 10 吨以下。因此，由于各种运输工具之间运输能力的差异性，需要通过仓库的调节和衔接作用以保证运输的连续性。

（五）信息传递的功能

信息传递的功能总是伴随着以上功能而发生的。在处理仓库活动有关事物时，需要依靠计算机和互联网，通过电子数据交换技术和条码技术来提高仓储物品信息的传输速度，能够及时而又准确地了解仓储信息，如仓库利用水平、进出库的频率、仓库的运输情况、顾客的需求以及仓库人员的配置等。

二、仓库的分类

仓库是物流系统的基础设施，按其用途、保管货物特性、仓库结构、管理体制等可以划分为不同的类型。

（一）按用途分类

1. 采购供应仓库

主要用于集中储存从生产部门收购的和供国际间进出口的商品。这类仓库一般设在商品生产比较集中的大、中城市或商品运输枢纽的所在地。库场一般规模较大,如我国曾经在商业系统中设置的一级和二级采购供应站,其所属的库场就属于这类。其中,一级供应站面向全国,二级供应站面向省、自治区或经济区。随着市场经济的逐步确立,这种供应站的职能划分已被打破,但作为流通加工领域的一种经济实体,采购供应类仓库在物流网络中发挥着重要作用。

2. 批发仓库

批发仓库主要是用于储存从采购供应库场调进或在当地收购的商品,一般靠近商品销售市场,规模同采购供应仓库相比一般要小一些。这类仓库的特点是货物周转快,存活时间短,同时具有批发零售供货业务。

3. 零售仓库

零售仓库主要用于商业零售业短期储货,一般是提供店面销售,所以零售仓库规模较小,所储存物资周转快。

4. 储备仓库

储备仓库一般由国家设立,实行中央垂直管理。主要用于保管国家应急的储备物资和战备物资,如粮食、石油等。货物在这类仓库中储存时间一般比较长,并且储存的物资会定期更新,以保证物资的质量。

5. 中转仓库

中转仓库主要设在生产地与消费地之间,处于货物运输系统的中间环节,大多设在公路、铁路站点和水路港口等交通枢纽地区,存放那些等待转运的货物。一般货物在此仅做临时停放,这一类仓库一般设置在附近,以方便货物在此等待装运。

6. 加工仓库

加工仓库在储存商品的同时具有对商品进行挑选、分类、整理分级、包装等加工作业,以便适应市场的需要。

7. 保税仓库

为适应国家贸易的需要,在本国国土之上,海关关境之外设立这类仓库,外国货物可以免税进出,无须办理入关申报手续,并且可以在库区对货物进行加工、储存、包装等作业。设立这种仓库的地区成为保税区。

在以上各类仓库中,采购供应仓库、批发仓库以及零售仓库在物流供应链中形成了前后衔接的关系,如图 2-1 所示:

从图 2-1 中可以看出:商品从工厂车间生产出来后,首先是被储存在采购供应仓库,然后流向批发仓库,接着是零售仓库,最后进入卖场,在那里向最终消费者销售。

图 2 – 1 仓库供应链类型

（二）按保管货物特性分类

（1）原料仓库：原材料仓库是用来储存生产所用的原材料的，这类仓库一般比较大。

（2）产品仓库：产品仓库的作用是存放已经完成的产品，但这些产品还没有进入流通区域，这种仓库一般是附属于产品生产工厂。

（3）冷藏仓库：它是用来储藏那些需要进行冷藏储存的货物，一般多是农副产品、药品等对于储存温度有要求的物品。

（4）恒温仓库：恒温仓库和冷藏仓库一样也是用来储存对于储藏温度有要求的产品。

（5）危险品仓库：用于存储和保管易燃、易爆、有毒、有害物资等危险品的仓库。根据隶属和使用性质分为甲、乙两类，甲类是商业仓储业、交通运输业、物资管理部门的危险品库，乙类为企业自用的危险品库。其中甲类危险品库储量大、品种多，所以危险性大。由于危险品可能对人体以及环境造成危害，因此在此类物品的储存方面一般会有特定的要求以及严格的管理制度，例如化学危险品。

（三）按仓库构造分类

1. 单层仓库

单层仓库是使用最为广泛的一种仓库的类型，其主要使用特点是：设计简单、投资少，维修方便；各种作业在一个层面上进行，货物处理方便；各种附属设备（例如通风设备、供水、供电等）的安装，使用和维护都比较方便；仓库全部的地面承压能力都比较强，适于较重的货物堆放；同时，仓库的面积利用率低、存储成本高，将逐步被其他形式的仓库取代。

2. 多层仓库

多层仓库一般建在人口稠密，土地价格较高的地区，由于是多层结构，因此货物一般是使用垂直输送设备来搬运货物。总结起来，多层仓库有以下几个特点：

（1）多层仓库可适用于各种不同的使用要求，例如可以将办公室和库房分处两层，在整个仓库布局方面比较灵活。

（2）分层结构将库房和其他部门自然地进行隔离，有利于库房的安全和防火。

（3）多层仓库作业需要的垂直运输重物技术已经日趋成熟。

（4）多层仓库一般建在靠近市区的地方，因为它的占地面积较小，建筑成本可以控制在有效范围内，所以一般经常用来储存城市日常用的高附加值的小型商品。使用多层仓库存在的问题在于建筑和使用中的维护费用较大，一般商品的存放成本较高。

3. 立体仓库

立体仓库又被称为高架仓库，它也是一种单层仓库，但同一般的单层仓库的不同在于它利用高层货架来储存货物，而不是简单地将货物堆积在库房地面上。在立体仓库中，由于货架一般比较高，所以货物的存取需要采用与之配套的机械化、自动化设备，当存取设备自动化程度较高时也将这样的仓库称为自动化仓库。

4. 筒仓

筒仓就是用于存放散装的小颗粒或粉末状货物的封闭式仓库，筒仓的平面形状有正方形、矩形、多边形和圆形等。一般这种仓库被置于高架上，经常用来存储粮食、水泥和化肥等。

5. 露天堆场

露天堆场是用于在露天堆放货物的场所，一般堆放大宗原材料，或者不怕日晒、雨淋的货物。

（四）按管理体制分类

1. 自有仓库

自有仓库为企业自己使用，不对社会开放，在物流行业中称为第一方物流仓库和第二方物流仓库，如大型企业的仓库和外贸公司的仓库。这些仓库由企业自己管理。随着市场经济和物流业的发展，这些仓库在满足自身需要的同时，也逐步对外开放。

2. 公用仓库

公用仓库专门经营仓储业务，面向社会开放，在物流行业中称为第三方物流仓库。主要是一些大型仓储中心或是货物配送中心，其在外国比较发达。近年来，我国专业仓储企业发展也比较迅速，在物流系统中扮演着越来越重要的角色。

除此之外，按仓库的建筑形式可分为：地面仓库、半地下仓库、地下仓库等；按仓库的机械化程度可分为：人力作业仓库、半机械化仓库、机械化仓库、自动化仓库等；按仓库建筑材料可分为钢筋混凝土仓库、砖混仓库、木板仓库、钢质仓库等；按仓库所处位置可分为码头仓库、内陆仓库等。

任务实施

步骤一：搜集仓库分类信息

在参观前，通过网络或图书馆进行仓库分类资料的收集，记录表格参考形式如表 2 – 1 至表 2 – 4 所示。

（1）按用途分类

表 2 – 1　　　　　　　　　　　　　按用途分类

序号	分类	功能特点	应用实例	图例
1	采购供应仓库	1. 主要用于集中储存从生产部门收购的和供国际间进出口的商品； 2. 一般设在商品生产比较集中的大、中城市或商品运输枢纽的所在地。库场一般规模较大	如：企业的物资采购供应仓库、贵州省供销物资采购供应站	
2	批发仓库	1. 主要是用于储存从采购供应库场调进或在当地收购的商品； 2. 一般靠近商品销售市场，规模同采购供应仓库相比一般要小一些； 3. 货物周转快，存活时间短，同时具有批发零售供货业务	如：蔬菜批发仓库、瓜果批发仓库	
3	零售仓库	1. 主要用于为零售业做短期储货，一般是提供店面销售； 2. 规模较小，所储存物资周转快	如：小商店零售仓库、亚马逊图书零售仓库	

序号	分类	功能特点	应用实例	图例
4	储备仓库	1. 一般由国家设立，实行中央垂直管理，主要用于保管国家应急的储备物资和战备物资，如粮食、石油等； 2. 货物在这类仓库中储存时间一般比较长，并且储存的物资会定期更新，以保证物资的质量	如：各地的国家粮食储备库	 
5	中转仓库	1. 主要设在生产地与消费地之间，处于货物运输系统的中间环节，大多设在公路、铁路站点和水路港口等交通枢纽地区，存放那些等待转运的货物； 2. 一般货物在此仅做临时停放，这一类仓库一般设置在附近，以方便货物在此等待装运	如：物流区也的分拨中心	 
6	加工仓库	在储存商品的同时具有对商品进行挑选、分类、整理分级、包装等加工作业，以便适应市场的需要	如：自行车组装仓库、汽车组装仓库	 

序号	分类	功能特点	应用实例	图例
7	保税仓库	1. 为适应国家贸易的需要，在本国国土之上，海关关境之外设立这类仓库，外国货物可以免税进出，无须办理入关申报手续，并且可以在库区对货物进行加工、储存、包装等作业； 2. 设立这种仓库的地区成为保税区	如：南宁物流中心的保税仓库	 

（2）按保管货物特性分类

表 2 - 2 　　　　　　　　　按保管货物特性分类

序号	分类	功能特点	应用实例	图例
1	原料仓库	原材料仓库是用来储存生产所用的原材料的，这类仓库一般比较大		
2	产品仓库	1. 产品仓库的作用是存放已经完成的产品，但这些产品还没有进入流通区域； 2. 这种仓库一般是附属于产品生产工厂	如：电子产成品仓库、设备产成品仓库	 

序号	分类	功能特点	应用实例	图例
3	冷藏仓库	它是用来储藏那些需要进行冷藏储存的货物，一般多是农副产品、药品等对于储存温度有要求的物品	如：药品冷藏仓库、农副产品冷藏库	 
4	恒温仓库	恒温仓库和冷藏仓库一样也是用来储存对于储藏温度有要求的产品	如：红酒恒温仓库	
5	危险品仓库	1. 用于存储和保管易燃、易爆、有毒、有害物资等危险品的仓库； 2. 根据隶属和使用性质分为甲、乙两类，甲类是商业仓储业、交通运输业、物资管理部门的危险品库，乙类为企业自用的危险品库。其中甲类危险品库储量大、品种多，所以危险性大； 3. 由于危险品可能对人体以及环境造成危害，因此在此类物品的储存方面一般会有特定的要求以及严格的管理制度，例如化学危险品	如：化学品仓库	

（3）按仓库构造分类

表 2 - 3　　　　　　　　　　　　按仓库构造分类

序号	分类	功能特点	应用实例	图例
1	单层仓库	1. 使用最为广泛的一种仓库的类型； 2. 设计简单、投资少，维修方便； 3. 各种作业在一个层面上进行，货物处理方便； 4. 各种附属设备（例如通风设备、供水、供电等）的安装，使用和维护都比较方便； 5. 仓库全部的地面承压能力都比较强，适于较重的货物堆放； 6. 仓库的面积利用率低、存储成本高，将逐步被其他形式的仓库取代	如：大家电仓库	
2	多层仓库	1. 多层仓库一般建在人口稠密，土地价格较高的地区； 2. 货物一般是使用垂直输送设备来搬运货物； 3. 可适用于各种不同的使用要求，例如可以将办公室和库房分处两层，在整个仓库布局方面比较灵活； 4. 分层结构将库房和其他部门自然的进行隔离，有利于库房的安全和防火； 5. 多层仓库作业需要的垂直运输重物技术已经日趋成熟； 6. 多层仓库一般建在靠近市区的地方，因为它的占地面积较小，建筑成本可以控制在有效范围内，所以一般经常用来储存城市日常用的高附加值的小型商品。使用多层仓库存在的问题在于建筑和使用中的维护费用较大，一般商品的存放成本较高	如：上海同盛保税物流中心五层物流仓库、义乌内陆口岸三层物流仓库	

序号	分类	功能特点	应用实例	图例
3	立体仓库	1. 又被称为高架仓库，它也是一种单层仓库，但同一般的单层仓库的不同在于它利用高层货架来储存货物，而不是简单地将货物堆积在库房地面上； 2. 在立体仓库中，由于货架一般比较高，所以货物的存取需要采用与之配套的机械化、自动化设备，当存取设备自动化程度较高时也将这样的仓库称为自动化仓库	如：立体停车库、海尔集团的立体仓库	 
4	筒仓	1. 用于存放散装的小颗粒或粉末状货物的封闭式仓库； 2. 筒仓的平面形状有正方形、矩形、多边形和圆形等； 3. 一般这种仓库被置于高架上，经常用来存储粮食、水泥和化肥等	如：粮食筒仓	
5	露天堆场	1. 用于在露天堆放货物的场所； 2. 一般堆放大宗原材料，或者不怕日晒、雨淋的货物	如：钢材露天堆场、露天煤厂	 

（4）其他

表 2 - 4　　　　　　　　　　　　其他仓库类型

序号	分类	功能特点	应用实例	图例
1	半地下仓库			
2	地下仓库			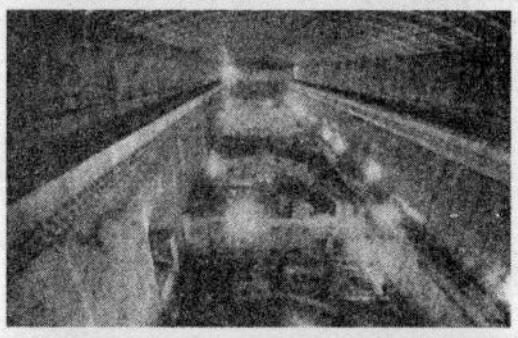
3	钢筋混凝土仓库			
4	砖石仓库			
5	人力作业仓库			
6	自动化仓库			
7	码头仓库			 

步骤二：参观仓库

导师刘毅带领李青参观了长风物流中心，李青对该物流中心的仓库类型进行了深入的了解。

步骤三：完成报告

根据导师讲解和参观体验，完成仓库认知报告（如表2-5所示）。

表2-5　　　　　　　　　　　　仓库参观总结报告

任务名称	认识仓库分类
参与实践的感受及总结：	

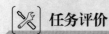
任务评价

表2-6　　　　　　　　　　　　结果评价考核

步　骤	序号	考核标准	分值（分）	扣分
步骤一：搜集仓库分类信息	1	能够事先查阅相关仓储材料，归纳总结仓库分类相关知识，完成仓库分类总结表	30	
步骤二：参观仓库	2	能够细心听讲，积极好问，勤做笔记	30	
步骤三：完成报告	3	能够根据要求完成报告，归纳翔实，总结深刻	40	
合计			100	

任务实训

走进宜家可以看到，宜家将展示销售和仓储式销售结合起来，顾客可以推着小车自由挑选心仪的物品。在"仓储式卖场"里，货物无须储存，而是直接将货物摆在货架上,从而省去中间环节的物流成本,降低费用。当购物结束后,顾客可以在自助式提货仓库提取货物。宜家的大多数货物均为平板式包装,顾客可以轻松地搬运回家,自己组装产品。

这种超市式、仓储式的购物体验,很容易让人们联想到沃尔玛、家乐福展示出的超大规模、物美价廉、产品丰富的景象,如图 2 - 2 所示。

图 2 - 2　宜家仓储式卖场

请通过参观、观看相关视频及查阅资料,写出你对宜家"仓储式卖场"的认识。

知识考核

(一)技能题

1. 根据下图的提示,请用自己的话对采购供应仓库、批发仓库、零售仓库在供应链中的相互关系进行说明。

说明:
商品从工厂车间生产出来后,首先储存在采购供应仓库,然后流向批发仓库,接着是零售仓库,最后进入卖场,在那里向最终消费者销售。

任务二　认识仓库常用的设施设备

任务目标

1. 了解货架的概念及常见的货架类型；
2. 了解托盘的作用及分类；
3. 能够辨识不同类型的装卸搬运设备。

任务描述

长风物流中心为物美连锁超市新建了一个仓库，该库房长 50 米、宽 40 米、高 9 米。地坪承载重量为 200 千克/平方米。目前库房刚刚装修完毕，其建筑面积为 2000 平方米，如图 2 - 3 所示。

图 2 - 3　库房结构

现需要对该新仓库选择和准备配套的基础设施和设备。杨丹作为长风仓储的仓储部经理，她应该为新仓库选择和准备哪些基础的设施和设备，才能开展正常的仓储业务呢？

任务资讯

一、货架

货架是由支架、隔板或托架组成的立体储存货物的设施。货架在仓库中占有非常重要的地位，随着物流量的大幅度增加，仓储管理趋于现代化，仓库功能区域机械化、自动化，对货架使用的种类和数量、货架功能的多样化，都提出了更高的要求。

（一）货架的功能

（1）货架是一种架式结构物，可充分利用仓库空间，提高库容利用率，扩大仓库储存能力；

（2）存入货架中的货物，互不挤压，可保护货物本身的性能，减少货物损失；

（3）货架中的货物，存取方便，便于监测清点，可做到先进先出；

（4）可以采取防潮、防尘、防盗、防破坏等措施，以提高货物存储质量；

（5）货架的结构和功能有利于实现仓库的机械化、自动化和智能化。

（二）常见的货架类型

货架按结构形式分类，有横梁式货架、驶入式货架、悬臂式货架、压入式货架、流利式货架、重力式货架、抽屉式货架、阁楼式货架、移动式货架等，如表2-7所示。

表2-7 常见的货架类型

序号	货架类型	特点	图示
1	横梁式货架	又称托盘式货架或货位式货架，以存取托盘货物为目的专业仓库货架，由柱片（立柱）、横梁组成，横梁式货架结构简洁、安全可靠	
2	驶入式货架	又称通廊式货架或贯通式货架，常用于密集存储货架，比普通托盘货架提高50%的空间利用率，适合少品种大批量与高周转率的货物，可由叉车驶入货架通道存取托盘	
3	悬臂式货架	由立柱上装设悬臂来构成，悬臂可以是固定或移动的，主要用于管材、板材的储存	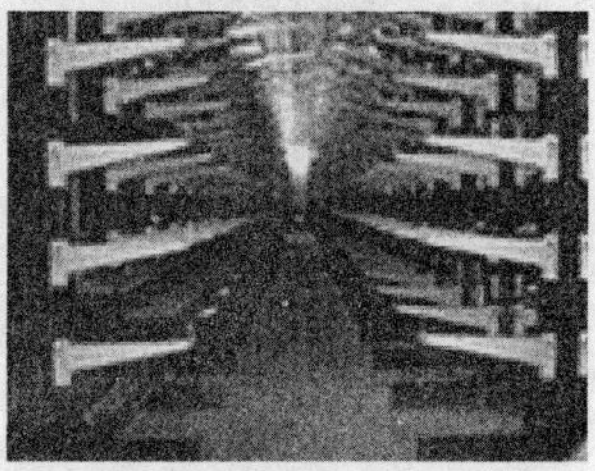

序号	货架类型	特点	图示
4	压入式货架	又称后推式货架或推入式货架，通过在每层货架上安装可滑动台车来装载货物，适合少品种、大批量的货品，适合先进后出的作业方式，适合冷冻库等需要较大提高空间利用率的情况，安全性与运转效率都高于驶入式货架	
5	流利式货架	采用滚轮式铝合金等流力条，利用货物自重实现货品先进先出；适用于大批量同类货物的存储，空间利用率较高，尤其适合汽配工程使用	
6	重力式货架	由托盘式货架演变而成，采用滚筒式轨道，货底轮式托盘，具有承重大，高度范围适应广泛，机械存取，选取效率高等特点，但空间利用率一般	
7	抽屉式货架	采用轴承组合，滑动平稳，并附有独立吊模装置，主要用于存放各种模具物品	
8	阁楼式货架	将储存空间作成上下两层规划，利用钢架和楼板将空间空隙为两层，下层货架结构支撑上层楼板。可以有效增加空间利用率	
9	移动式货架	仅需设一条通道，空间利用率极高，安全可靠，移动方便。适用于库存品种多，但出入库频率较低的仓库，或者库存频率较高但可按巷道顺序出入库的仓库	

二、托盘

中华人民共和国国家标准《物流术语》中将"托盘（Pallet）"定义为：用于集装、

堆放、搬运和运输，放置作为单元负荷物品的水平平台装置。现已广泛应用于生产、运输、仓储和流通等领域。

（一）托盘的作用

托盘作为物流运作过程中重要的装卸、储存和运输设备，与叉车配套使用在现代物流中发挥着巨大的作用。托盘给现代物流业带来的效益主要体现在：可以实现物品包装的单元化、规范化和标准化，保护物品，方便物流和商流。

（二）托盘的分类

1. 平式托盘

平式托盘几乎是托盘的代名词，适用范围最广，利用数量最多，通用性最好。其中，按台面分类，可分为单面型、单面使用型、双面使用型和翼型四种；按叉车插入方式分类，可分为单向叉入型、双向叉入型、四向叉入型三种；按材料分类，可分为木制托盘、塑料托盘、纸板托盘、金属托盘、复合材料托盘等，如表2-8所示。

表2-8 平式托盘

按台面分类			
单面型	单面使用型	双面使用型	翼型

按叉车插入方式		
单向叉入型	双向叉入型	四向叉入型

按材料分类				
木制托盘	塑料托盘	纸质托盘	金属托盘	复合材料托盘

单面型托盘与单面使用型托盘的区别如表2-9所示。

表2-9　　　　　　　　单面型托盘与单面使用型托盘的区别

【知识拓展】单面型托盘与单面使用型托盘有何区别？

从外形上看：单面型托盘是指承托货物的台面只有一面。单面使用型托盘是指承托货物的台面虽然只有一面，但是下面多了一个底托。

从使用状况上讲：单面托盘一般情况下适用于单层货物的堆放，一般情况下只能放在货架上或者地上，而单面使用型托盘可以多层堆放，重叠堆放，因为下面有一个托底可以放在一般的货物上，有了托底后减少了对下面货物的压力，这样就会减少对货物的损坏。所以单面使用型托盘的应用更加广泛。

2. 柱式托盘

柱式托盘是在平式托盘基础上发展起来的，其特点是在不挤压货物的情况下可进行码垛，多用于包装物料、棒料管材等货物的集装，如图2-4所示。

图2-4　柱式托盘

3. 箱式托盘

箱式托盘又称物料箱，它的基本结构是沿托盘四个边有板式、栅式、网式等栏板和下部平面组成的箱体，有些箱体有顶板。箱板有固定式、折叠式、可拆卸式三种，如图2-5所示。

固定式　　　　　　　　折叠式　　　　　　　　可拆卸式

图2-5　箱式托盘

4. 轮式托盘

轮式托盘的基本结构是在柱式和箱式托盘下部装上小型轮子，可利用轮子做短距离移动，不需搬运机具就能实现搬运，可作为作业车辆使用（如图2-6所示）。

图2-6　轮式封闭箱式托盘

5. 滑托盘

滑托盘是在一个或多个边上设有翼板的平板，用于搬运、存储或运输单元载荷形式货物的底板（如图2-7所示）。

图2-7　滑托盘

6. 特种托盘

由于托盘作业效率高，安全稳定，尤其在一些要求快速作业的场合，突出利用托盘的重要性，所以逐渐出现了各种专用托盘。比如航空托盘、平板玻璃集装托盘、油桶专用托盘、轮胎专用托盘等（如表2-10所示）。

表2-10　　　　　　　　　　　　　特种托盘

类　型	图　示	说　明
航空托盘		航空货运或行李托运用托盘，一般采用铝合金制造，为适应各种飞机货及舱门的限制，一般制成平托盘，托盘上所载物品以网络覆罩固定之

类　型	图　示	说　明
平板玻璃集装托盘		又称平板玻璃集装架，这种托盘能支撑和固定立放的平板玻璃，在装运时，平板玻璃顺着运输方向放置以保持托盘货载的稳定性
油桶专用托盘		专门装运标准油桶的异型平托盘，托盘为双面型，两个面皆有稳固油桶的波形表面或侧挡板，油桶卧放于托盘上面，由于波形槽或挡板的作用，不会发生滚动位移。同时，还可几层叠垛，解决桶形物难以堆高码放的困难，也方便了储存
轮胎专用托盘		轮胎本身有一定的耐水、耐蚀性，因而在物流过程中无须密闭，且本身很轻，装放于集装箱中不能充分发挥箱的载重能力，其主要问题是储运时怕压、挤，采用托盘是一种很好的选择
货架式托盘		其结构特点是一种框架形托盘，框架正面尺寸比平托盘略宽，以保证托盘能放入架内，框架的深度比托盘的尺寸宽，以保证托盘能搭放在架上。架子下部有四个支脚，形成了叉车进叉的空间。这种架式托盘叠高组合，便成了托盘货架，可将托盘货载送入内部放置。这种架式托盘也是托盘货架的一种，是货架与托盘的一体物
长尺寸物托盘		专门用于装放长尺寸材料的托盘，这种托盘叠高码放后便成了组装式长尺寸货架

（三）托盘的尺寸

托盘与搬运的产品、集装箱、货架、运输车辆的货台以及搬运设施等有直接关系，因此托盘的规格尺寸是要考虑其他物流设备规格尺寸的基点。特别是要建立有效的托盘共用系统，就必须使用统一规格的托盘，托盘标准化是托盘作业一贯化的前提。

国际标准（ISO）原规定有4种托盘规格（如表2-11所示）：

表2-11   托盘的规格

类　型	规格尺寸	普遍使用地区
1	1200mm×1000mm	欧洲
2	1200mm×800mm	欧洲
3	1140mm×1140mm	澳洲
4	40in×48in	美国

目前，我国托盘国家标准采用的是1200mm×1000mm和1100mm×1100mm两种规格，并优先推荐使用1200mm×1000mm规格，以提高我国物流系统的整体运作效率。

三、装卸搬运设备

装卸搬运设备是指用来搬移、升降、装卸和短距离输送物料或货物的机械。装卸搬运设备是实现装卸搬运作业机械化的基础，是物流设备中重要的机械设备。它不仅可用于完成船舶与车辆货物的装卸，而且还可以用于完成库场货物堆码、拆垛、运输以及舱内、车内、库内货物的输送和搬运。

按照装卸搬运设备的工作原理可将其分为叉车类、作业车类、吊车类、输送机类和管道输送设备类。如图2-8至图2-12所示。

（一）叉车类

平衡重式叉车	插腿式叉车	前移式叉车	侧面式叉车
跨运车	低位拣选叉车	高位拣选叉车	集装箱叉车

图2-8　叉车

（二）作业车类

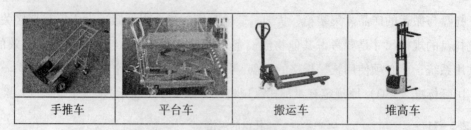

| 手推车 | 平台车 | 搬运车 | 堆高车 |

图 2-9　作业车

（三）吊车类

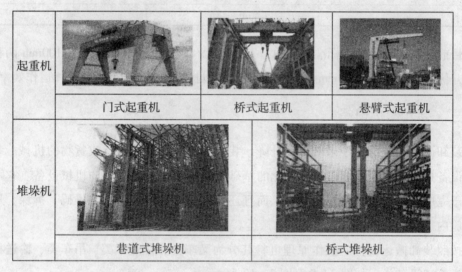

图 2-10　吊车

（四）输送机类

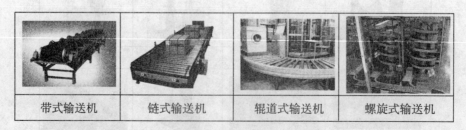

| 带式输送机 | 链式输送机 | 辊道式输送机 | 螺旋式输送机 |

图 2-11　输送机

（五）管道输送设备类

管道输送设备是由泵、管道为主体用于液体、粉体装卸搬运作业的一类设备。

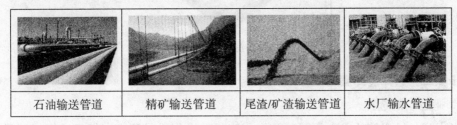

| 石油输送管道 | 精矿输送管道 | 尾渣/矿渣输送管道 | 水厂输水管道 |

图 2 - 12　管道输送设备

任务实施

步骤一：选择仓储设备

1. 货架的选择

根据物美超市百货产品"品种广、类型多"的特点，杨丹选择托盘货架进行存储；即先将货物堆码在托盘上，然后再将托盘存放到货架上的存储方式。如图 2 - 13 所示。

图 2 - 13　托盘货架

托盘货架是专门用于存放堆码在托盘上物品的货架，其承载能力和每层空间适合于存放整托盘物品。托盘货架存储方便，节省时间，可以适应各种类型物品存储。

2. 托盘的选择

配合上述托盘货架的利用，再结合百货产品的特性，杨丹选择使用最为常见的平板木质托盘（1200mm × 1000mm 型），如图 2 - 14 所示。

鉴于物美超市的百货产品的特性，以及上述采用托盘货架的存储方式，则对于输送设备、分拣设备不做要求，减少额外的作业损坏。

图 2 – 14 单面使用型托盘

步骤二：选择装卸搬运设备

1. 搬运车的选择

考虑到长风仓储的成本问题以及作业流程的操作难易程度，杨丹选择使用最方便的手动液压式搬运车（俗称地牛）。如图 2 – 15 所示。

图 2 – 15 手动液压搬运车

使用手动液压式搬运车进行货物在仓库内的平行移动或搬运，方便简单且适合在比较拥挤的地方使用。

2. 叉车的选择

目前长风仓储只有前移式叉车，对成件托盘货物进行装卸、堆垛和短距离运输作业。该叉车转弯半径很小，可有效提高仓库的面积利用率。杨丹也给物美超市项目仓库选择了前移式叉车，如图 2 – 16 所示。

图 2 – 16 前移式叉车

步骤三：选择其他必备设备

1. 计量设备

计量设备是在货物进出库时，对货物进行计量、点数以及盘点、检查中经常使用的度量衡设备。

考虑到物美超市百货产品的称重，以及该项目结束后仓库的再使用，杨丹选择使用地重衡（长度、个数计量设备暂不考虑），如图 2 – 17 所示。

图 2 – 17 地中衡

2. 养护检验设备

养护检验设备是指货物的入库验收与在库养护、测试、化验以及防止货物发生变质、失效的一系列机具、仪器、仪表等技术装备。

考虑到电子设备保养的防潮和通风要求，杨丹选择了空气调节器和通风机，如图 2 –18所示。

空气调节器 通风机

图 2 – 18 养护设备

3. 消防设备

消防设备是仓库内用于保障消防安全的必要设备，结合电子产品的特性，杨丹选择了烟雾报警器、干粉灭火器，如图 2 – 19 所示。

4. 手持终端

手持终端是指具有一定特性的便于携带的数据处理终端，是物流企业仓库内的货物上架、仓库盘点等业务常用的设备，可以及时将仓库信息数据传递到电脑上进行数据的同步。杨丹选择的手持终端如图 2 – 20 所示。

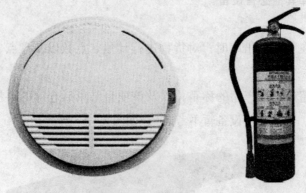

图 2-19　消防设备

图 2-20　手持终端

至此，杨丹完成了物美超市项目新仓库的仓储设施设备的选择。

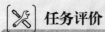 **任务评价**

表 2-12　　　　　　　　　　结果评价考核

步　骤	序号	考核标准	分值（分）	扣分
步骤一：选择存储设备	1	能够根据实际选择合适的存储设备	30	
步骤二：选择装卸搬运设备	2	能够根据实际情况选择合适的装卸搬运设备	30	
步骤三：选择其他必备设备	3	能够为仓库选择其他日常必备的设施设备	40	
合计			100	

任务实训

仓库墙上会悬挂一些设备的操作规范制度和管理规章制度，在参观或查阅资料学习的过程中把这些制度抄录下来。

1. 仓库管理规章制度。

2. 叉车使用管理规定。

3. 叉车日常保养规定。

知识考核

（一）识图题

1. 下表中列出了在仓库中经常能看到的一些搬运设备，通过参观、观看相关视频及查阅资料，写出它们的名称及用途。

图例	设备名称	用途	备注

2. 在仓库搬运作业中，经常使用到的设备分为三类：电动叉车、手动叉车、手推车。如下表图例中所示，通过参观、查阅资料，了解如下设备的基本组织构成，并罗列其各组成结构的名称。

图　例	结构名称
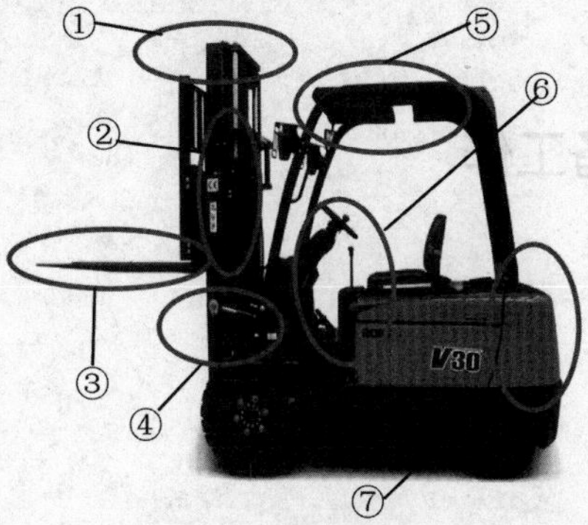	
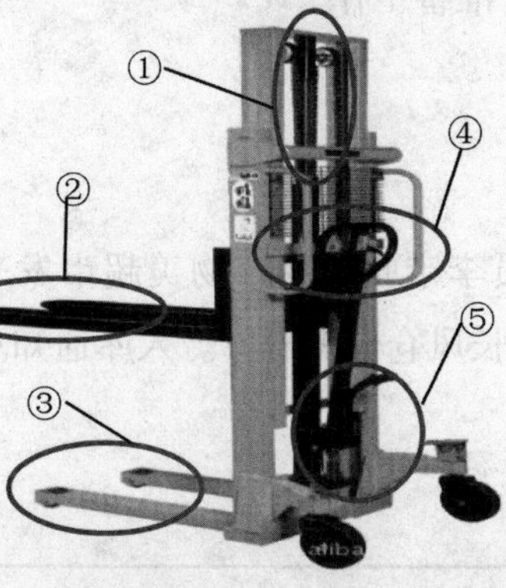	
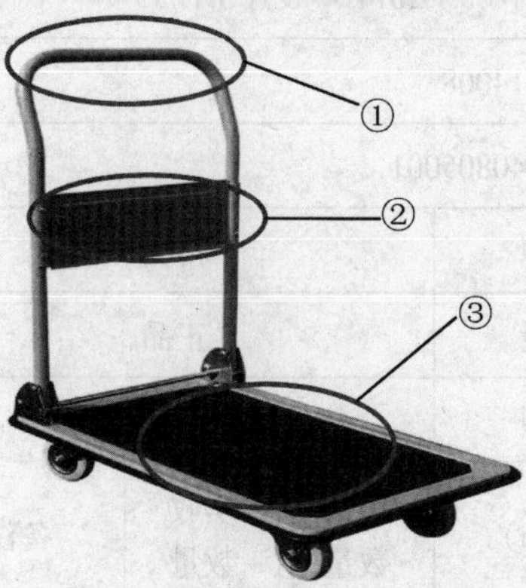	

模块三　入库作业

任务一　入库准备工作

▢ 任务目标

1. 了解入库准备工作的内容；
2. 熟悉入库作业流程；
3. 能对货物的存放区域进行划分，能够完成接货准备工作。

✖ 任务描述

2014 年 8 月 5 日上午，长风仓储配送中心仓管员李宁收到客户物美超市发来的传真，称 8 月 5 日下午将有一批货物由送货员张衡送到长风仓储 1 号库。入库通知单具体信息如表 3 – 1 所示。

表 3 – 1　　　　　　　　　　　　入库通知单

长风仓储配送中心				2014 年 8 月 5 日		
批次				14008		
采购订单号				20140805001		
客户指令号	20140805001		订单来源	传真		
客户名称	物美超市		质　量	正品		
入库方式	送货		入库类型	正常		
序号	条码	名称	单位	规格（mm）	申请数量	实收数量	备注
1	6902083881405	娃哈哈矿泉水	箱	380×255×234	20		

续　表

序号	条码	名称	单位	规格（mm）	申请数量	实收数量	备注
合　　　计							

在货物送来之前，长风仓储中心需要做哪些入库准备工作呢？

[+] 任务资讯

一、入库准备工作

入库准备工作涉及的工作岗位有信息单证员、仓库管理员、分拣员、入库员。其工作示意图如图 3 - 1 所示。

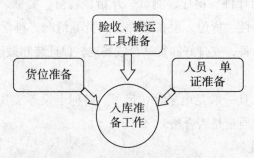

图 3 - 1　入库准备工作示意

（一）货位准备，清点仓储空间

根据预计到货物品的特性、体积、质量、数量和到货时间等信息，结合物品分区、分类和货位管理的要求，预计货位，清点仓储空间，以预先确定物品的拣货场所和储存位置。储位的安排要有一定的弹性，以对货物的出入库的影响减少。对储位的编码要有规律，并且与仓库序号、货架序号等对应。常用的货位编号方法有地址法、区段法、品项群法等。

1. 地址法

利用保管区中的现成参考单位如建筑物第几栋、区段、排、行、层、格等，按相关顺序编号。如同地址的市、区、路、号一样，地址法通常采用的编号方法为"三号定位法""四号定位法"。

"四号定位法"是采用 4 个数字号码对应库房、货架、层次、货位进行统一编号。例如:"5—3—2—11"即指 5 号库房、3 号货架、第 2 层 11 号货位。注意:编号时,为防止出现错觉,可在第一位数字后加上拼音字母"K"—库房、"C"—货场、"P"—货棚以示区别。如"15P—13—1—16"即指 15 号货棚、13 号货架、第 1 层 16 号货位。

2. 区段法

区段法是把保管区分成不同的区段,再对每个区段进行编码。这种方法以区段为单位,每个号码代表的储区较大。区域的大小根据物流量大小而定。

3. 品项群法

品项群法是把一些相关性商品经过集合后,区分成几个品项群,在对每个品项群进行编码。适用于容易按商品群保管的场合和品牌差距大的商品。例如:服饰类、五金类、食品类等。

(二)验收及装卸搬运器械准备

准备验收所需要的计件、检斤、测试、开箱、装箱、丈量、移动照明等器具。同时要根据到货物品的特性、货位、设备条件、人员等情况,科学合理地制定卸车搬运工艺,备好相关作业设备,安排好卸货站台或场地,保证装卸搬运作业效率。

1. 工具的准备

入库所要准备的工具一般是电子秤、尺子、游标卡尺等工具。这些工具都是为了协助检验货物的重量、质量是否合格。

2. 保护性材料的准备

常见的保护性材料有纸、纸箱、泡沫、防护带、防护膜、冰块等。在货物到达之前,必须要根据货物的特性准备好保护性材料,尤其是玻璃、陶瓷等易碎品的保护。

(三)人员及单证准备

在货物到达之前,调度员要按照到货物品的到货时间和数量安排接运、卸货、检验、搬运物品的作业人员;按照仓管员对物品入库所需,准备相关报表、单证及账簿。

1. 人员准备

(1)叉车司机:检查叉车是否能正常操作,还要检查剩余的油或电是否能满足此次作业需求。

(2)装卸工人:将托盘等卸货或搬运需要的工具准备齐全。

(3)仓管员:了解货物的数量、分类及特性,及时安排储位。

2. 单据准备(如表 3-2、表 3-3 所示)

表 3-2　　　　　　　　　　　　　　　　　入库单

编号：　　　　　采购申请单号：　　　　　　　　　　　　年　　月　　日

编号	品名	规格	单位	数量			单价	金额								备注
				进货量	实收量	量差		十万	万	千	百	十	元	角	分	
合计（金额大写）：																

入库员：　　　　　　　　　复核员：　　　　　　　　　　　　　　　　仓管员：

备注：一式三联，一联成品库存根，一联交生产部，一联交财务核算部

表 3-3　　　　　　　　　　　　　　　收货单

进货单位	品名	型号	单位	数量			票据种类	票号	备注
编号：			采购申请单号：					年　月　日	
				进货量	实收量	量差			

备注：

二、入库流程

在进行入库作业之前必须熟悉货物入库的流程。一般货物的入库流程如图 3-2 所示。

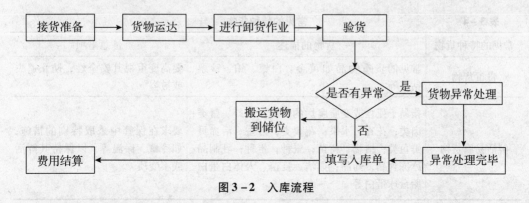

图 3-2　入库流程

（1）确认货物运抵：受理员确认货物运达后及时通知调度员。

（2）布置入库作业前的各项准备工作：调度员布置入库作业前的各项准备工作，比如放置好托盘、准备好衬垫物。

（3）进行卸车作业：卸车工人或叉车司机进行卸车并清点数量。

（4）验货：仓管员对货物的质量、包装等进行检验。

（5）货物异常处理：仓管员在检查货物时若发现货物有问题，则通知货主协商解决。

（6）填制《入库单》：仓管员若发现货物无异常或异常得以解决，则填制《入库单》。

（7）搬运货物同时进行费用结算：仓管员指挥叉车司机将货物搬运到指定的货位，同时受理员根据入库单合计费用。

三、货物的分类及存放区域的划分

（一）货物的分类

货物大体上可以分成两类：一般货物和特种货物。

1. 一般货物

一般货物是指在运输、保管及装卸等作业过程中不必采取特别措施、特殊工艺的货物。例如：衣服、课桌、拖把等。

对一般货物的储存要遵循"先进先出"原则，并且把进出库频率较高的货物放在接近门口或仓库通道处，对于有相互影响的货物应隔开，避免货物的损坏或变质。

2. 特种货物

特种货物是指在运输、保管及装卸等作业过程中必须采取特别措施、特殊工艺的货物。例如：危险货物、大件（长大笨重）货物、鲜活及易腐冷藏货物和贵重货物。常见的特种货物的储存及注意事项如表3－4所示。

表3－4　　　　　　　　　常见的特种货物

常见的特种货物	货物的描述	注意事项
贵重货物	常见的贵重物品如黄金、白银、铂、钞票、钻石等	要高度重视其安全性，防止遗失或被盗
鲜活易腐货物	指易于死亡或变质腐烂的货物，如虾、蟹类；肉类；花卉；水果；蔬菜类；沙蚕、活赤贝；鲜鱼类；植物、树苗；蚕种；蛋种；乳制品；冰冻食品，药品；血清、疫苗、人体白蛋白、胎盘球蛋白等	要求在保管中采取特别的措施，如冷藏、保温等，以保持其鲜活或不变质

常见的特种货物	货物的描述	注意事项
超大超重货物	超大货物一般是指需要一个以上的集装板方能装的货物；超重货物一般是指每件超过150kg的货物	这些货物的装卸过程要借助于横吊的设备
危险物品	危险物品是对具有杀伤、燃烧、爆炸、腐蚀、毒害以及放射性等物理、化学特性，容易造成财物损毁、人员伤亡等社会危害的物品的通称	这些货物在装卸搬运及储存过程都得高度注意，不能将货物倒置或损坏，所以在对它进行任何操作之前都应该先查看其标志和操作说明书，不要因为操作不当而导致财物损坏或人员伤亡。并且危险物品应该放在远离人群，远离食品的地方

（二）货物存放区域的划分

货物存放的区域根据货物的进出库频率、货物的类别、货物特性、货物量的大小等来确定，进行货物存放区域划分的时候要有一定的弹性，不能因为一点点货物的进出库就要重新划分区域。对于进出库频率高、重量大等物品应该尽量靠近仓库门口或通道。类型相同且无相互影响的物品，在进行区域划分时，应该考虑让他们尽量靠近，而对相互影响的物品则尽量隔离。危险物品的存放应该远离人群，以减少危难发生时对人的伤害。

对仓库的区域进行划分后，还要进行科学的编码，实现仓库的库位管理。这样可以使库管人员在多品种的库存材料中快速定位库存品所在的位置，有利于实现先进先出的管理目标及提高仓库作业的效率。

四、确定仓容定额

仓容定额指仓库有效面积和单位面积储存量的乘积，即仓库的容量，或称该仓库的储存能力。仓容定额可以反映仓库的储存能力，在一定条件下库房或货场单位面积可以储存商品的最高数量，是每平方米储存面积的储存量标准。

仓容定额的内容主要有两方面：一是，仓库面积利用率，是指仓库有效面积与使用面积的合理比率；二是，单位面积储存量定额，是指在单位有效面积里储存商品数量。

核定仓容定额的计算公式有：

（1）按尺码吨计算的商品内的储存量（吨）＝（使用面积×面积利用率）×（库

房可堆货高度×高度利用率÷4.立方米)

一般用于轻泡货仓库定额,指体积达4立方米及以上,而毛重不足1000千克的商品,其尺码吨一般为商品的体积。

(2)按重量吨计算的商品的储存量(吨)=(使用面积×面积利用率)×(地坪载重量×载重量利用率)

一般用于重量吨商品的储存仓库定额,指商品毛重大于1000千克,而体积不足4立方米,以商品的实际重量"吨"计算。

✂ 任务实施

步骤一:新增入库订单

通过IE输入指定网址,登录络捷斯特物流教学管理平台,如图3-3所示。

图3-3 络捷斯特物流教学管理平台

点击上图的【第三方物流】,进入物流教学系统综合业务平台,如图3-4所示。

图3-4 物流教学综合业务平台

在订单管理系统下的【订单管理】→【订单录入】→【入库订单】中，点击【新增】，如图 3 - 5 所示。

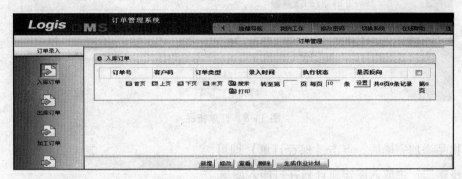

图 3 - 5　新增入库订单界面

分别对【订单信息】、【订单入库信息】及【订单货品】进行维护，如图 3 - 6、图 3 - 7、图 3 - 8 所示。

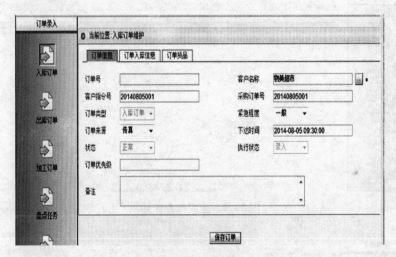

图 3 - 6　订单信息

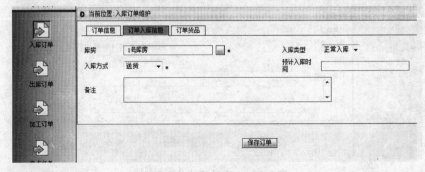

图 3 - 7　订单入库信息

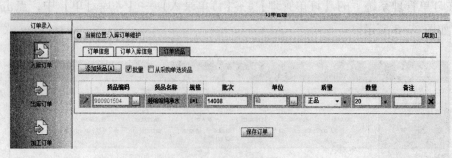

图 3-8　订单货品

物品添加完毕后，点击【保存订单】即可。

步骤二：生成入库作业计划并打印入库单

选中刚才新增的订单，单击【生成作业计划】，在弹出的界面中，单击【确认生成】。如图 3-9、图 3-10 所示。

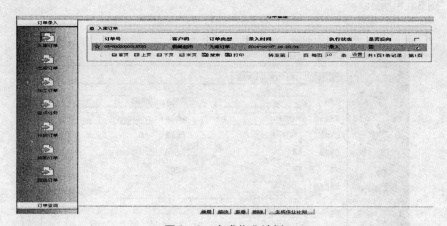

图 3-9　生成作业计划

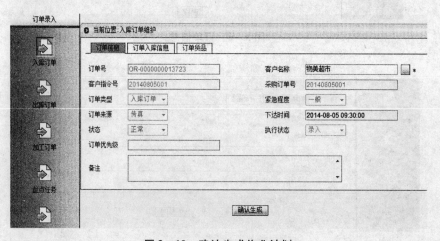

图 3-10　确认生成作业计划

切换到仓储管理系统中【仓储管理】→【入库作业】→【入库预处理】下，选中刚才的订单，选择【其他操作】→【打印】→【入库单】，如图 3-11 所示。

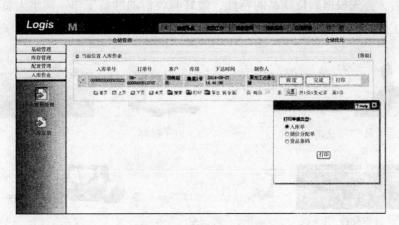

图 3-11　打印入库单界面

单击【打印】，打印出的纸质入库单如图 3-12 所示。

入 库 单

作业计划单号
0000000000023323

长风仓储　　　配送中心　1号库房　　　　　　应收总数：20.0　实收总数：

客户名称：物美超市　客户编号：WM0101516　客户指令号：　　日期：

产品名称	条形码	规格	单位	应收数量	实收数量	货位号	批号	备注
娃哈哈纯净水	6902083881405	1*1	箱	20				

仓管员（签字）：＿＿＿＿＿＿＿　　　　送货人（签字）：＿＿＿＿＿＿＿＿

图 3-12　入库单

步骤三：入库其他设备准备

为保证验收工作及时、准确地完成，提高验收效率，减少劳动消耗，王宇在接到入库通知后，首先根据到货商品的特性，做好验收前的准备工作：调集人员（由王瑞负责验收工作的组织）、器具和设备，打印凭证，确定储位等，如图 3－13 所示。

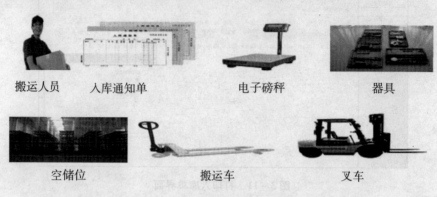

搬运人员　　　入库通知单　　　　电子磅秤　　　　器具

空储位　　　　搬运车　　　　叉车

图 3－13　验收准备工作内容

任务评价

表 3－5　　　　　　　　　　　结果评价考核

步　骤	序号	考核标准	分值（分）	扣分
步骤一：新增入库订单	1	能够应用仓储系统新增入库订单	30	
步骤二：生成入库作业计划并打印入库单	2	能够根据入库通知单生成入库作业计划并打印入库单	35	
步骤三：入库其他设备准备	3	能够根据要求准备入库其他设备	35	
合计			100	

任务实训

今日，物流中心配送部接到客户南百超市发过来的一份 500 箱统一方便面的订单。其中，袋装（103 克×24 袋/箱）共 200 箱；桶装（109 克×12 桶/箱）共 300 箱。通过分析目前的库存情况，向客户发出入库需求，并且得到客户的确认，明天客户将货物运输至仓库。如果你是仓管员，你如何确定这批方便面的货位？如何根据方便面的包装情况，准备相应的设备来完成接货？除此之外，还需要完成哪些入库前准备工作？

 **知识考核**

技能题

1. 画出入库作业流程图。

2. 根据"四号定位法"的货位编码规则，写出下列指示的货位编码：

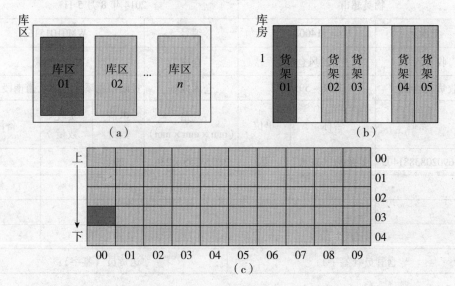

（a）　　　　　　　　　　　　　　　　（b）

（c）

参考答案： 01K—01—03—00，即指 1 号库房、1 号货架、第 3 层 00 号货位。

任务二　入库接运验收

任务目标

1. 掌握《入库单》的审核方法；

2. 了解验收的方法与标准，掌握卸货作业的标准和要领；

3. 能够及时处理并上报货物验收异常情况，顺利完成卸货作业，完成验收工作。

任务描述

2014 年 8 月 5 日下午，长风仓储物流中心 1 号仓库收到客户物美超市送货员张衡送来需要入库的货物，送货单具体信息如表 3 – 6 所示。

表 3 – 6　　　　　　　　　　　　　送货单

送货单						
物美超市			2014 年 8 月 5 日			
批次	14008		编号	WM0101516		
收货人	长风仓储		仓库	1 号仓库		
收货人电话	0851 – 5955772		仓库地址	贵阳市花溪区花溪大道南段 25 号		
序号	条码	名称	单位	规格 （mm × mm × mm）	申请数量	实收数量	备注
1	6902083881405	娃哈哈矿泉水	箱	380 × 255 × 234	20		
合　　　计							
仓管员（签字）：				送货员（签字）：			

长风仓配中心验收人员王宇需要根据客户的送货单来完成此批货物入库前的入库验收工作。王宇该如何完成此次入库验收操作呢？

任务资讯

一、入库接运验收作业

接运验收工作涉及的工作岗位有：信息员、单证员、仓库管理员、搬运工、货车司机。其工作示意如图 3 – 14 所示。

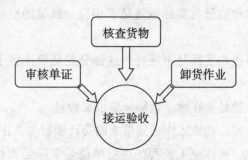

图 3 – 14　入库接运验收工作示意

（一）审核单证

《入库单》是业务员与客户签好仓储合同后，受理人员根据合同，签发给客户的入库凭证。《入库单》上记载了送货单位、送货人、货物名称、规格等信息。接运时，货主或司机会凭《入库单》将货物入库。负责接运的仓管员应该仔细审核《入库单》的有关项目（如表 3 –7 所示）。

表 3 –7 入库单

编号：			采购申请单号：				年　　月　　日								
编号	品名	规格	单位	数量			单价	金额							备注
				进货量	实收量	量差		十万	万	千	百	十	元	角	分	
合计（金额大写）：															
入库员：　　　　　　　　　　复核员：　　　　　　　　　　　仓管员：															
备注：一式三联，一联成品库存根，一联交生产部，一联交财务核算部															

仓管员应认真查看《入库单》信息，然后与实际货物进行对比。一般需要核对的项目有：

（1）名称：检查货物名称是否与货物相对应，并且名称是否齐全。尤其有相近名称的货物时要格外小心。

（2）规格：检查货物的规格是否与实际货物相符，货物规格所对应的单位是否正确。要格外防止 kg 与 g，mm 与 cm 等类型的错误产生。

（3）单位：检查计数单位是否正确。在实际操作中，单位的错误出现得比较少。

（4）数量：检查送检数量与实际数量是否相符。数量的检查很关键，它将涉及货物总价的多少。

（5）单价：检查单价与实际是否相符。这部分尤其要注意小数点的位置以及末尾有几个零。

（6）金额：检查金额是否正确。金额 = 单价 × 数量。

（7）合计数量与金额：检查入库通知单上的合计项目是否正确。

（8）检查送货单位：入库单上所写的送货单位与实际是否相符。这部分一般不容易出现错误。

此外，还要检查货物的包装是否完好，标志是否准确清晰。最重要也是最难检验的是对货物质量的检验。

对货物检验原则上是全检，但对于大批量、同包装、同规格、可信赖程度高的货物可以采取抽检的方式进行。

（二）核查实物

货物的检验方法一般根据仓储合同的约定进行。没有约定的，按照货物的特性及仓库的习惯确定。货物检验常用的方法有：

（1）视觉检验。在充足的光线下，利用眼睛观察货物的颜色、状态、结构等表面状况，检查有无变形、破坏、脱落、结块等损坏情况，以判断质量。

（2）听觉检验。通过摇动、搬运、轻度敲打，听取声音，以判断质量。

（3）触觉检验。利用手感鉴定货物的细度、光滑度、黏度、柔软度等判断质量。

（4）嗅觉、味觉检验。通过货物的气味、滋味判断。

（5）测试仪器检验。通过专业仪器进行测量，以测定出货物性质。

（6）运行检验。对货物进行运行操作，如电器、车辆等货物，检测其操作功能是否正常。

（三）卸货作业

《入库单》审核无误后，可以进行卸货作业。若想更好地完成卸货作业，不仅要掌握卸货作业的标准，还要掌握卸货作业的要领，如表3-8、表3-9所示。

表3-8　　　　　　　　　　　　　装卸作业标准作业卡

标准作业卡	适用范围	岗位名称	编制	审核	批准
	供应商零部件入厂卸货	装卸搬运员	编制日期	年　月　日	
岗位职责描述：	对供应商的到货车辆进行目视检查并进行卸货操作，将入库货物送至货物暂存区存储，负责供应商包装物的装车及工作现场的清理				
1. 卸车前准备	2. 目视检查到货车辆状况	3. 卸货	3-1. 异常处理——急件卸车		
装卸搬运员引导供应商送货车辆停靠在指定卸货区域，由供货商司机将货车挡板打开	装卸搬运员对到货车辆进行目视检查，查看车辆状况是否完好，如果发现异常，应及时通知作业组长并进行记录，记录后再进行卸货作业	装卸搬运员对车内货物进行卸货作业，卸货顺序应遵循由上到下，由外到里的原则，卸货人员应双手拿取货物，每次只许拿取一件	当急需某一供应商的零配件时，根据作业组长指令，可优先安排其卸车，其他车辆按到达的先后顺序在卸货区等待卸货		
4. 到货确认	5. 货物入至暂存区（检验区）	5-1. 异常处理——送达错误	6. 工作现场清理		
将包装上的零件标识与司机提交的《送货单》核对，准确无误后在《送货单》上签字确认，一联交司机带回，一联存档	将货物按照指示标志放置在暂存区的待检验区内，摆放零件应按照地面线摆放整齐，禁止压线，堆放高度不超过指定标准（标准见包装箱），零件标识应冲外，不能影响检验人员的正常工作	对送达零件与《送货单》不相符的零件，放置待处理区等待处理，及时通知作业组长并进行记录	对工作现场进行清理，垃圾送至垃圾处理区，工作现场达到5S标准		

表3-9　　　　　　　　　　　　　卸货作业要领

作业要领				
1. 卸车前准备	2. 卸货	3. 到货确认	4. 货物摆放	
序号	作业内容	注意事项	不遵守会怎样	
1	卸车前准备	送货车辆停靠在指定区域	卸货现场混乱，影响作业进程，易出现交通事故	
2	卸货	双手拿取，每次只拿一件	货物脱落造成损坏；货物过重或用力不均造成肌肉拉伤	

序号	作业内容	注意事项	不遵守会怎样
3	到货确认	按《送货单》准确核对	对送错货或少送货情况没能及时处理，影响正常生产
4	货物摆放	按标识摆放，堆放高度不超标	造成现场混乱，影响正常作业；堆放高度超标造成零件挤压损坏，货堆倒塌造成零部件损坏或人员伤害
劳保用品			异常处理
工装	安全帽	线手套	异常发生时不要自己进行判断和处理，按作业组长指令操作或立即通知作业组长，并做好记录

二、货物异常处理

仓库到货货品来源复杂，涉及货品生产、采购、运输等多个环节，不可避免会出现诸多问题，因此要求在验收过程中要认真、细致，区别不同的情况并及时进行异常处理。

（1）验收凭证问题的处理。验收凭证问题主要是指验收所需的凭证未到或者证件不齐全。当出现此类问题时应及时向货主索取，到库货品则作为待检验品堆放在待验区，等证件到齐后再进行检验。

（2）包装检验问题的处理。货品包装出现严重破坏、变形、水渍等情况时，要及时通报货主单位，等待处理意见，在处理意见得到前，不得入库或退回。

（3）数量检验问题的处理。货品数量短缺或溢余在合理数量范围内的，可按原数记账，否则应查对核实，并与货主单位进行交涉。

（4）证物不符问题的处理。当验收单证与实物不符，应把货物放到待检区，并及时与货主单位进行交涉，可以采取拒绝收货、改单签收或退单、退货等方法解决。

表 3-10　　　　　　　　　　　　　　　验收单

货品名称：		到货数量：		抽检数量：
到货日期：			检验日期：	
送货单位：			运单号：	
检验状况				备注
1. 外包装检查				
2. 外包装规格检查				

检验状况		备注
3. 拆箱货品检查		
4. 货品质量检查		
		实际数量：
检验结论：　□合格　　　　　□让步接收　　　　□拒收		
检验员：　　　　　　　　　批准人：		

仓管员检查货物后要根据实际情况填写验收单（见表 3 – 10）。当验收完成并确认无误后，就要在入库通知单的实收数量中填写相应数据，并且在收货人签字处签名。

任务实施

步骤一：核对单据

在货物送到后，仓管员核对货运司机提交的送货单（如表 3 – 11 所示）与入库单（如表 3 – 12 所示），确认货物名称、规格、数量、包装、收货单位、发货日期等内容是否一致，做到票、账、货相符。

表 3 – 11　　　　　　　　　送货单

物美超市				2014 年 8 月 5 日			
批次	14008		编号	WM0101516			
收货人	长风仓储		仓库	1 号仓库			
收货人电话	0851 – 5955772		仓库地址	贵阳市花溪区花溪大道南段 25 号			
序号	条码	名称	单位	规格（mm）	申请数量	实收数量	备注
1	6902083881405	娃哈哈矿泉水	箱	380×255×234	20		
合　　　计							
仓管员（签字）：				送货员（签字）：			

表 3 – 12　　　　　　　　　　　　　　**入库单**

入 库 单

作业计划单号
0000000000023323

长风仓储　　　配送中心　1 号库房仓库　　　应收总数：20.0　实收总数：

客户名称：物美超市　客户编号：WM0101616　客户指令号：　　　日期：

产品名称	条形码	规格	单位	应收数量	实收数量	货位号	批号	备注
娃哈哈纯净水	6902083881405	1 * 1	箱	20				

仓管员（签字）：＿＿＿＿＿＿　　　送货人（签字）：＿＿＿＿＿＿

　　王宇经核对货运司机提交的送货单（如表 3 – 11 所示）和之前的入库单（如表 3 – 12 所示），确认货物名称、规格、数量和包装等内容一致。

　　步骤二：卸货作业

　　等货物到达后，进行装卸搬运工作。如图 3 – 15 所示。

图 3 – 15　卸货作业

步骤三：验收货物

在单据核对无误后，作为验收人员，王宇接下来应该分别验收货物数量、货物质量、货物包装，如图 3 - 16 所示。

图 3 - 16　货物验收

1. 验收数量

进行数量验收时，首先清点货物的整件数量，除合同有明确规定，一般不需开箱检查清点箱内数量。经验收员王宇的仔细清点后，数量与送货单一致，此时在验收单上填写实际验收数量，如表 3 - 13 所示。

2. 验收质量

验收货物质量主要是检查货品的自然属性是否因物理及化学反应而造成负面的改变。检查商品包装的牢固程度；检查商品有无损伤，例如撞击，变形，破碎或人为的撬起、挖洞、开缝等。经王宇检查货物质量完好，质量验收完后将结果填入验收单，如表 3 - 13 所示。

3. 验收包装

首先，要仔细核对外包装的数量、种类，验收外包装是否完好无损，包装材料、包装方式和衬垫物等是否符合合同规定，并核对条码。

其次，检查货物包装是否有污染、黏湿、雨淋的表现；

再次，检查货物是否有由于包装、结构性能不良或在装卸搬运过程中乱摔乱扔、摇晃碰撞而造成的包装破损。然后分别填写验收单，如表 3 - 13 所示。

最后，核查都无误后，验收员给客户填写检验结论并签收验收单。

待所有项目验收完成后，填写的验收单示例如表 3 - 14 所示。

表 3 – 13　　　　　　　　　　　　　　　　　验收单

记录号：WM0101516

货品名称	娃哈哈矿泉水	到货数量	20	抽检数量	5
到货日期	2014 年 8 月 5 日		检验日期	2014 年 8 月 5 日	
供应商	物美超市		运单号	20140805001	
检验情况				备注	
1. 外包装检查		完整、完好			
2. 外包装规格检查		完整、完好			
3. 拆箱货品检查		完好			
4. 货品质量检查		完好			
				实际数量：20	

检验结论：　　☑ 合格　　　　☐ 让步接收　　　　☐ 拒收

检验员：王宇　　　　　　　　批准人：李宁

步骤四：签收单据

按照上述步骤完成并确认验收无误后，验收员王宇需要在送货单上的"实收件数"栏填写实收数量，并在相应的"收货人签字"栏目处签字确认，同时，送货员张衡也需在"送货员签字"栏处签字确认。如表 3 – 14 所示。

表 3 – 14　　　　　　　　　　　　　　　送货单签收示例

送货单							
物美超市				2014 年 8 月 5 日			
批次		14008		编号		WM0101516	
收货人		长风仓储		仓库		1 号仓库	
收货人电话		0851 – 5955772		仓库地址		贵阳市花溪区花溪大道南段 25 号	
序号	条码	名称	单位	规格（mm）	申请数量	实收数量	备注
1	6902083881405	娃哈哈矿泉水	箱	380 × 255 × 234	20		
合　　　计							
仓管员（签字）：王宇				送货员（签字）：张衡			

至此，货物验收工作完成。

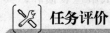 **任务评价**

表 3 – 15　　　　　　　　　　　　结果评价考核

步　骤	序号	考核标准	分值（分）	扣分
步骤一：核对单据	1	能够接收《入库单》并审核信息，审核其送货单位、送货人、货物名称、规格等信息，错一项扣 5 分，扣完为止	30	
步骤二：卸货作业	2	能够组织卸货作业，操作卸货叉车、托盘等卸货工具，并完成卸货作业	30	
步骤三：验收货物	3	能够准确验收货物数量、货物质量、货物包装	30	
步骤四：签收单据	4	能够按规定准确签收单据	10	
		合计	100	

任务实训

（1）司机将货物送达，仓管员向司机索取《入库通知单》如表 3 – 16 所示，并审核。请同学们找出该入库单存在的问题。

表 3 – 16　　　　　　　　　　　　入库单

编号	品名	规格	单位	数量			单价	金额							备注
				进货量	实收量	量差		十万	万	千	百	十	元	角	分	
011	红烧牛肉方便面	103g×24袋/箱	箱	100	100	0	55			5	5	0	0	0	0	
012	老牌酸菜方便面	109g×12桶/箱	箱	100	100	0	48			4	8	0	0	0	0	
合计（金额大写）：拾万壹仟叁佰元整									1	1	3	0	0	0	0	

入库单号：001　　　采购申请单号：120730001　　　2012 年　7　月　30 日

入库人：　　　　　　　　　复核人：　　　　　　　　　仓管员：

（2）2012 年 7 月 31 日下午，卸货人员将某公司送来的 50 箱清风卷纸和 40 箱高露洁牙膏卸下后，仓管员对所有货物进行验收。经过检验发现有一箱纸巾包装损坏，其他都合格。作为仓管员，请填写验收单，如表 3 - 17 所示。

表 3 - 17   验收单

货品名称：		到货数量：		抽检数量：
到货日期：			检验日期：	
送货单位：			运单号：	
检验状况				备注
1. 外包装检查				
2. 外包装规格检查				
3. 拆箱货品检查				
4. 货品质量检查				
				实际数量：
检验结论：	□合格		□让步接收	□拒收
检验员：			批准人：	

知识考核

（一）单选题

1. 当验收入库物品与入库通知单有差异时，应该（　　）。

A. 在入库通知单上批注

B. 将已验收物品存放在指定库区内

C. 立即通知货主或代理

D. 按验收结果开立仓单

参考答案：C

（二）多选题

1. 仓库人员在收货前应预备好（　　）。

A. 包装加固的材料工具

B. 供应商的送货预报

C. 条码或粉笔

D. 送货单与原始发票

参考答案：ACD

2. 收货验收的内容主要有（　　　）。

A. 先到先收

B. 数量验收

C. 包装验收

D. 物品条码验收

参考答案：BCD

3. 商品条码验收作业的关键是（　　　）。

A. 送货预报

B. 条码与随货同行的收据相符

C. 条码

D. 条码与商品数据库内登录的资料相符

参考答案：AD

任务三　入库上架

任务目标

1. 熟悉入库上架搬运的规程，了解常用的扫描设备；

2. 能够使用托盘、熟练操作叉车、使用手持终端扫描货物、掌握堆高机的操作方法和操作步骤。

任务描述

20 箱规格为 380mm × 255mm、厚度为 234mm 的娃哈哈矿泉水都已经接运并验收完毕后，接下来就要完成货物的入库工作了。他们要将货物从卸车地运进仓库，然后进行入库理货，最后利用堆高机进行上架作业。如果你是仓管员，你应该如何完成入库上架作业呢？

[+] **任务资讯**

入库上架工作涉及的工作岗位有：信息单证员、仓库管理员、搬运员。其工作示意如图 3 – 17 所示。

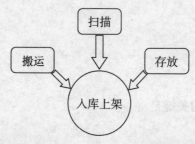

图 3 – 17　入库上架工作示意

一、搬运

货物验收完成，则应将货物搬运到仓库门口，以备扫描入库。

（一）搬运规程

搬运时要严格遵守搬运规程，尽量避免搬运事故。搬运规程如下：

（1）穿戴好规定的劳动保护用具，并检查所需要的搬运工具是否良好、完整。

（2）货物必须放平、放稳。

（3）多人操作时必须有人统一指挥，密切配合。

（4）机动车辆通行道上不得放置货物或杂物，以保持信道畅通。

（5）货物码放要稳固、整齐。码放高度：毛坯不准超过 2 米，木箱不准超过 25 米，以防倒塌。

（6）搬运物品时，不要因抄近路而穿过危险区。

（7）行车时不可站或坐在容易转动和脱落的部件上，更不准将腿、脚和身躯伸出车箱外部。

（8）不可将货物卸在通道上，距离道路 1 米以外，才可放置。

（9）小心易燃物品或腐蚀性物品（硫酸、火碱等），并检查容器与箱子是不是稳固，防止液体外漏伤人。

（10）搬运的货物，如标明"小心轻放""不可倒置""防湿"等字样，应特别小心，不可大意，按标志要求装卸。

（11）使用撬棍时，要防止棍下垫块滑动。不要用力过猛，以防突然失手事故。

（12）搬运零散货物时，其高度不得超过直径的两倍。

（13）不要在包装好的货物上行走。

（14）在有毒、有害场所工作时，应认真执行该处的安全操作规程。

（15）工作完毕应将所有搬运工具放入工具房内，将现场清理干净，并检查现场是否有火种，经检查确无问题后，才能离开现场。

（二）搬运设备

搬运时常用的设备是托盘和叉车。以下是对托盘和叉车的操作注意事项。

1. 托盘的使用

使用托盘时应注意以下事项：

（1）掌握好端托盘的姿势。

（2）注意托盘清洁卫生。

（3）根据对不同物品的端托，选择适宜的行进步伐。

（4）行走时上身要挺直，动作轻快敏捷。

（5）要用左手托盘，右手自然下垂。

2. 托盘的保养

为了使托盘能够长久安全地使用，希望按下列要求正确使用托盘。

（1）托盘应避免遭受阳光暴晒，以免引起老化，缩短使用寿命。

（2）严禁将货物从高处抛掷在托盘内。合理确定货物在托盘内的堆放方式。货物均匀放置，不要集中堆放或偏离重心堆放。承载重物的托盘应放在平整的地面或物体表面上。

（3）严禁将托盘从高处抛落，避免因猛烈撞击而造成托盘破碎、裂纹。

（4）叉车或手动液压车作业时，叉刺尽量向托盘叉孔外侧靠足，叉刺应全部伸进托盘内，平稳抬起托盘后才可变换角度。叉刺不可撞击托盘侧面以免造成托盘破碎、裂纹。

（5）托盘上货架时，必须采用货架型托盘。

3. 叉车的操作规范（如表3-18所示）

表3-18　　　　　　　　　　　　　叉车的操作规范

操　作	规范要点
一、检查车辆	1. 叉车作业前，应检查外观，加注燃料、润滑油和冷却水
	2. 检查启动、运转及制动性能
	3. 检查灯光、音响信号是否齐全有效

操　作	规范要点
一、检查车辆	4. 叉车运行过程中应检查压力、温度是否正常
	5. 叉车运行后还应检查外泄漏情况并及时更换密封件
	6. 电瓶叉车除应检查以上内容外，还应按电瓶车的有关检查内容，对电瓶叉车的电路进行检查
二、起步	1. 起步前，观察四周，确认无妨碍行车安全的障碍后，先鸣笛，后起步
	2. 气压制动的车辆，制动气压表读数须达到规定值才可起步
	3. 叉车在载物起步时，驾驶员应先确认所载货物平稳可靠
	4. 起步时须缓慢平稳起步
三、行驶	1. 行驶时，货叉底端距地面高度应保持 300～400mm、门架须后倾
	2. 行驶不得将货叉升得太高。进出作业现场或行驶途中，要注意上空有无障碍物刮碰。载物行驶时，如货叉又升得太高，还会增加叉车总体重心高度，影响叉车的稳定性
	3. 卸货后应先降落货叉至正常的行驶位置后再行驶
	4. 内燃叉车在下坡时严禁熄火滑行
	5. 非特殊情况，禁止载物行驶中急刹车
	6. 载物行驶在超过 7 度和用高于一挡的速度上下坡时，非特殊情况不得使用制动器
	7. 叉车在运行时要遵守厂内交通规则，必须与前面的车辆保持一定的安全距离
	8. 叉车运行时，载荷必须处在不妨碍行驶的最低位置，门架要适当后倾，除堆垛或装车时，不得升高载荷。在搬运庞大物件时，物体挡住驾驶员的视线，此时应倒开叉车
	9. 叉车由后轮控制转向，所以必须时刻注意车后的摆幅，避免初学者驾驶时经常出现的转弯过急现象
	10. 禁止在坡道上转弯，也不应横跨坡道行驶
	11. 叉车载货下坡时，应倒退行驶，以防货物颠落
四、转弯	转弯时，如附近有行人或车辆，应发出信号并禁止高速急转弯。高速急转弯会导致车辆失去横向稳定而倾翻
五、装卸	1. 叉载物品时，应按需调整两货叉间距，使两叉负荷均衡，不得偏斜，物品的一面应贴靠挡货架，叉载的重量应符合载荷中心曲线标志牌的规定
	2. 载物高度不得遮挡驾驶员的视线

操 作	规范要点
五、装卸	3. 在进行物品的装卸过程中，必须用制动器制动叉车
	4. 货叉接近或撤离物品时，车速应缓慢平稳，注意车轮不要碾压物品、木垫等，以免碾压物飞起伤人
	5. 用货叉叉取货物时，货叉应尽可能深地叉入载荷下面，还要注意货叉尖不能碰到其他货物或物件。应采用最小的门架后倾来稳定载荷，以免载荷向后滑动。放下载荷时，可使门架小量前倾，以便于安放载荷和抽出货叉
	6. 禁止高速叉取货物和用叉头与坚硬物体碰撞
	7. 叉车作业时，禁止人员站在货叉上
	8. 叉车叉物作业，禁止人员站在货叉周围，以免货物倒塌伤人
	9. 禁止用货叉举升人员从事高处作业，以免发生高处坠落事故
	10. 不准用制动惯性溜放物品

二、扫描

（一）扫描方式

根据不同的标签有不同的扫描方式：

1. 按托盘入库

使用这种方式的都是有顺序的或者规律的标签，这样能快速的入库。仓库的货物堆放按托堆放，这样在出库时只需输入这个托盘的数量，然后任意扫描一箱则把整个托盘入库。

2. 按箱入库

适合于套标。仓库的货物堆放不是按托堆放的。并且也没有很严格的规律可言。这种方式简单，直接扫描，没有什么需要注意的地方。它工作量很大。每一箱都要扫描。

3. 临时对应

在小盒装箱的时候对该箱的所有小盒进行扫描，建立它们之间的对应关系。

（二）扫描设备

仓储常用的扫描设备是手持终端。手持终端是指具有以下几种特性的便于携带的数据处理终端。

（1）具有数据存储及计算能力。

（2）可进行二次开发。

（3）能与其他设备进行数据通信。

（4）有人机界面，具体而言要有显示和输入功能。

（5）电池供电。

常见的手持终端如图3-18所示。

图3-18　手持终端

手持终端能够进行条码扫描。条码扫描功能目前有两种技术，激光和CCD，激光扫描只能识读一维条码，CCD技术可以识别一维和二维条码，比较流行的观点是识读一维条码时，激光扫描技术比CCD技术更快更方便。具有条码扫描功能的手持终端通常被称为条码数据采集器。

（三）条码（如表3-19、表3-20所示）

1. 按码制分类

表3-19　　　　　　　　　　　　　按码制分类

序号	条码	说明	图示
1	UPC码	1973年，美国率先在国内的商业系统中应用UPC码，之后加拿大也在商业系统中采用UPC码。UPC码是一种长度固定的连续型数字式码制，其字符集为数字0~9。它采用四种元素宽度，每个条或空是1、2、3或4倍单位元素宽度。UPC码有两种类型，即UPC-A码和UPC-E码	UPC Numbers 5 20726 22396 0

续 表

序号	条码	说明	图示
2	EAN 码	1977 年，欧洲经济共同体各国按照 UPC 码的标准制定了欧洲物品编码 EAN 码，与 UPC 码兼容，而且两者具有相同的符号体系。EAN 码的字符编号结构与 UPC 码相同，也是长度固定的、连续型的数字式码制，其字符集是数字 0 ~ 9。它采用四种元素宽度，每个条或空是 1、2、3 或 4 倍单位元素宽度。EAN 码有两种类型，即 EAN - 13 码和 EAN - 8 码	EAN13 6 901234 567892 EAN8 6901 2341
3	交叉 25 码	交叉 25 码是一种长度可变的连续型自校验数字式码制，其字符集为数字 0 ~ 9。采用两种元素宽度，每个条和空是宽或窄元素。编码字符个数为偶数，所有奇数位置上的数据以条编码，偶数位置上的数据以空编码。如果为奇数个数据编码，则在数据前补一位 0，以使数据为偶数个数位	1234567890
4	39 码	39 码是第一个字母数字式码制。1974 年由 Inter-mec 公司推出。它是长度可比的离散型自校验字母数字式码制。其字符集为数字 0 ~ 9，26 个大写字母和 7 特殊字符（ -、、、Space、/、%、￥），共 43 个字符。每个字符由 9 个元素组成，其中有 5 个条（2 个宽条，3 个窄条）和 4 个空（1 个宽空，3 个窄空），是一种离散码	39 码 888888801
5	库德巴码	库德巴码（Code Bar）出现于 1972 年，是一种长度可变的连续型自校验数字式码制。其字符集为数字 0 ~ 9 和 6 个特殊字符（ -、:、/、、+、￥），共 16 个字符。常用于仓库、血库和航空快递包裹中	a000800a
6	128 码	128 码出现于 1981 年，是一种长度可变的连续型自校验数字式码制。它采用四种元素宽度，每个字符由 3 个条和 3 个空，共 11 个单元元素宽度，又称（11，3）码。它由 106 个不同条码字符，每个条码字符有三种含义不同的字符集，分别为 A、B、C。它使用这 3 个交替的字符集可将 128 个 ASCII 码编码	code128 码
7	93 码	93 码是一种长度可变的连续型字母数字式码制。其字符集成为数字。0 ~ 9，26 个大写字母和 7 个特殊字符（ -、、Space、/、+、%、￥）以及 4 个控制字符。每个字符由 3 个条和 3 个空，共 9 个元素宽度	Enable Code 93

续 表

序号	条码	说明	图示
8	49码	49码是一种多行的连续型、长度可变的字母数字式码制。出现于1987年，主要用于小物品标签上的符号。采用多种元素宽度。其字符集为数字0～9，26个大写字母和7个特殊字符（-、。、Space、%、/、+、%、¥）、3个功能键（F1、F2、F3）和3个变换字符，共49个字符	
9	其他码制	例如25码出现于1977年，主要用于电子元器件标签；矩阵25码是11码的变形；Nixdorf码已被EAN码所取代，Plessey码出现于1971年5月，主要用于图书馆等	

2. 按维数分类

表3-20　　　　　　　　　　　按维数分类

序号	条码	说明	图示
1	一维条码	普通的一维条码自问世以来，很快得到了普及并广泛应用。但是由于一维条码的信息容量很小，如商品上的条码仅能容13位的阿拉伯数字，更多的描述商品的信息只能依赖数据库的支持，离开了预先建立的数据库，这种条码就变成了无源之水，无本之木，因而条码的应用范围受到了一定的限制	1234567890
2	二维条码	除具有普通条码的优点外，二维条码还具有信息容量大、可靠性高、保密防伪性强、易于制作、成本低等优点。< BR >美国Symbol公司于1991年正式推出名为PDF417的二维条码，简称为PDF417条码，即"便携式数据文件"。FDF417条码是一种高密度、高信息含量的便携式数据文件，是实现证件及卡片等大容量、高可靠性信息自动存储、携带并可用机器自动识读的理想手段	
3	三维条码	三维图像码（简称三维码）是一款移动互联新型技术产品，它采用了手机摄像头扫描识别技术，使用三维码手机客户端扫描三维码就可获取内容信息，是实现内容快速直达用户的通道与桥梁。三维码具有直观可识别的特性，让人过目难忘的品牌文化体验，美轮美奂的视觉效果	

三、上架

货物扫描完毕后，要将货物存放在储位上，这时就要借助堆高机等设备。

（一）堆高机的操作方法

（1）堆高车启动：检查，确保电池充满电，且指标灯亮。将钥匙插入电锁中，顺时针旋转，提起急停开关，以启动堆高车。

（2）堆高车的前进/后退：将堆高车的控制手柄扳向自己一面，向下摆动一个适当的角度（离开竖直位置但也不能压至最低位置），然后用拇指转动两个旋钮开关。若将此开关向前转，则堆高车前进，若将此开关向后转，则堆高车后退。前进/后退的速度由此旋钮开关的转动角度大小来控制，在启动时或周围空间较小时，为了保证安全，转动角度应控制得小一点，以减缓行驶速度。手柄上有低速按钮，按下则限定低速行驶。

（3）堆高车的货叉升降：用手指按下控制手柄上画有上升标记的按钮，则货叉上升；按画有下降标记的按钮，则货叉下降；放开后则立即停止升降。

（4）肚皮安全开关：当堆高车后退时，如身体碰撞红色肚皮开关，堆高车将立即停止，并向前进方向反向运动一小段距离，这主要是为了防止身体受到挤压伤害。

（5）堆高车的常规停车：当需要堆高车平稳停车时，将拇指松开，旋转开关将自动复位，此时通过控制器产生反向电流，堆高车将再运动极小段距离后平稳停车。

（6）车辆充电：当电量表发出闪烁信号，即"电量耗尽"报警时，应及时充电。充电时先将电锁关闭并将钥匙从电锁中拔出。

（二）堆高机的操作步骤

1. 载物步骤
（1）把堆高车移近重物的正前方。
（2）把货叉升到低于重物底面的适当高度。
（3）向前移动堆高车，使货叉伸到重物的下方。
（4）起升货叉，直到装上重物。
（5）堆高车连同重物一起后移，直至货叉具有下降空间。
（6）慢慢降低重物至适当高度。

2. 放物步骤
（1）把载有重物的堆高车移近货架的正前方。
（2）提升重物到适当的高度。

（3）前移堆高车到适当的位置。

（4）慢慢降低重物，使重物托盘的下底面坐落在货架。

（5）慢慢将堆高车连同其货叉移出货架。

🔧 任务实施

步骤一：货物入库理货

1. 准备空托盘

根据包装箱的尺寸粗略估计使用托盘的数量。娃哈哈矿泉水需要 1 个空托盘。

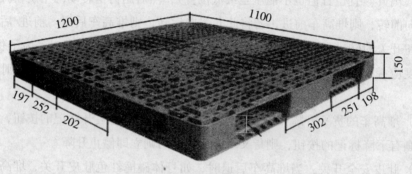

图 3 – 19　空托盘

2. 确定堆码方式

根据货物的包装箱尺寸规划、确定托盘堆码方式。娃哈哈矿泉水包装箱的尺寸为：380mm×255mm×234mm，采用旋转交错式进行堆码，其堆码方式具体如图 3 – 20、图 3 – 21 所示。

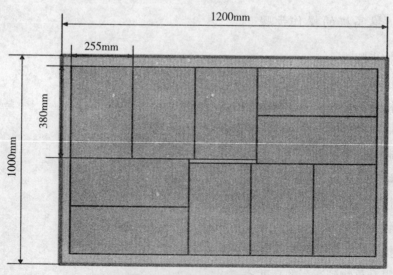

图 3 – 20　奇数层俯视图

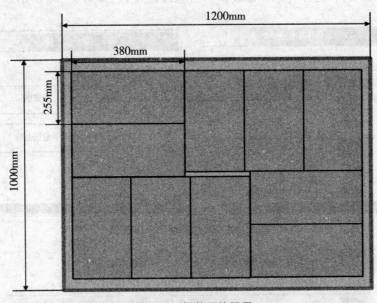

图 3 – 21 偶数层俯视图

3. 进行堆码作业

仓管员吩咐装卸人员按照既定好的堆码方式 20 箱哇哈哈矿泉水每层堆放 10 箱，堆放两层即可堆完，需要空托盘 1 个。

对于装卸人员堆垛的成品，曹璐逐个进行了审核，主要考虑：整齐、不超高、不超出托盘的范围等，确保堆垛的规范性。

4. 完成理货作业

完成货物堆码之后，仓管员登录手持终端系统，并选择指定的库房。如图 3 – 22 所示。

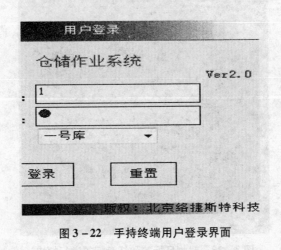

图 3 – 22 手持终端用户登录界面

单击【登录】，选择【入库作业】→【入库理货】，如图3-23所示。

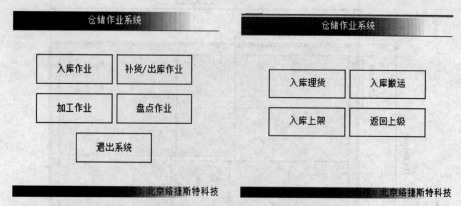

图3-23 入库作业、入库理货

点击入库理货后，选择待处理单据的理货。如图3-24所示。

单据编号	客户名称	理货	操作
0000000000023303	物美超市	理货	完成

上页 下页

返回 主菜单 退出系统

图3-24 入库理货界面

然后理货员利用手持终端采集条码信息、托盘标签，如图3-25所示。

图3-25 对物品标签和托盘标签进行扫描

点击图3-24中的【理货】，手持终端扫描托盘编码后，会将货品名称、规格、实收数量的信息显示出来，如图3-26所示，用户只需核对实收数量与订单入库数量是否一致即可。

当前操作：入库理货		当前操作：入库理货	
货品条码		货品条码	6902083881405
托盘标签		托盘标签	1234567890234
货品名称	-	货品名称	娃哈哈纯净水
规格	-	规格	1*1
批号		批号	14008
实收数量	余：	实收数量	20 余：20
建议数量：		建议数量：24	
保存结果		保存结果 去往[托盘货架区]	
作业已理货：0托盘		作业已理货：0托盘	

货品编码	货品名称	计划数量	货品编码	货品名称	计划数量
900901504	娃哈哈纯净水	20箱	900901504	娃哈哈纯净水	20箱

图3-26 手持入库货品、托盘扫描界面

点击【保存】系统会在【保存结果】的下方显示已理货完成，理货操作至此完成，如图3-27所示。

当前操作：入库理货	
货品条码	
托盘标签	
货品名称	-
规格	-
批号	
实收数量	余：
建议数量：	
保存结果	
作业已理货：1托盘	
娃哈哈纯净水 （1托盘20箱）	

货品编码	货品名称	计划数量
900901504	娃哈哈纯净水	20箱

图3-27 完成理货操作

步骤二：货物入库搬运

1. 选择装卸搬运工具

根据此批货物的特点，选择手动搬运车对货物进行搬运作业，用液压叉车进行上架，如图3-28所示。

图3-28 手动搬运车（左）和液压叉车（右）

2. 读取搬运信息

登录手持终端系统，点击手持终端主功能界面的【入库作业】，进入图3-29所示界面。

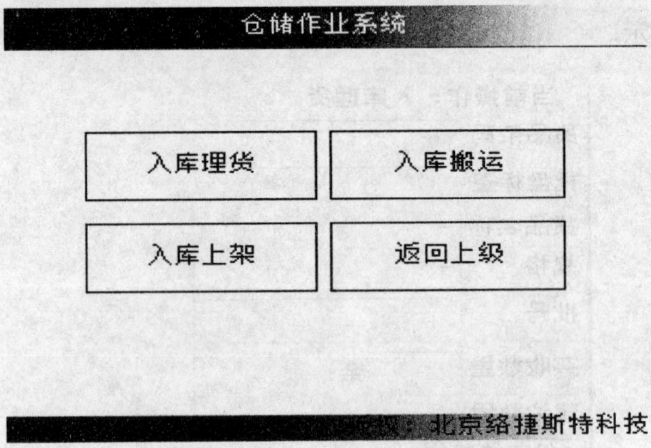

仓储作业系统

入库理货	入库搬运
入库上架	返回上级

北京络捷斯特科技

图3-29 入库操作功能界面

单击【入库搬运】，利用手持终端采集托盘标签，信息采集成功后，手持终端系统自动提示需搬运的货品名称、货品数量及目标地点等信息，如图3-30所示。

单击【确认搬运】，进入如图3-31所示界面，可以看到在待搬运列表中已经没有需要搬运的货品信息，证明该批货物已经搬运入库。

3. 进行搬运操作

利用搬运车将货物搬运至上架理货区，搬运操作完成后将手动搬运车放回设备暂存区。

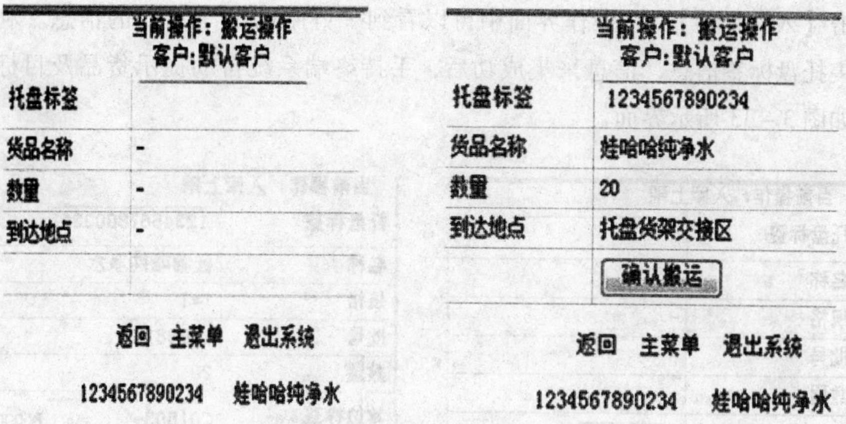

图 3-30 入库搬运、采集托盘信息

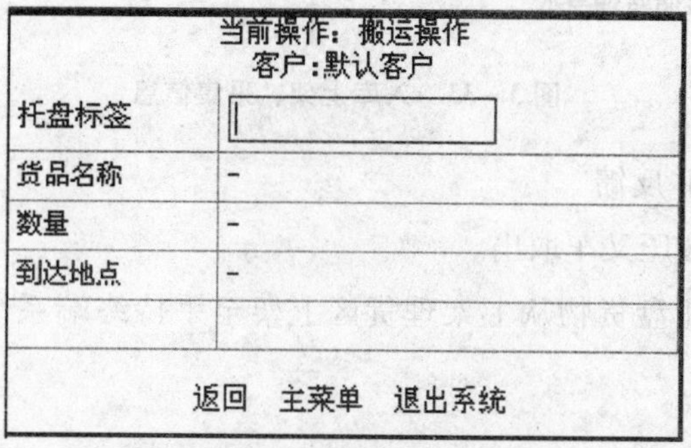

图 3-31 确认完成

步骤三：货物入库上架

1. 读取上架信息

在手持终端主功能界面找到【入库上架】，如图 3-32 所示。

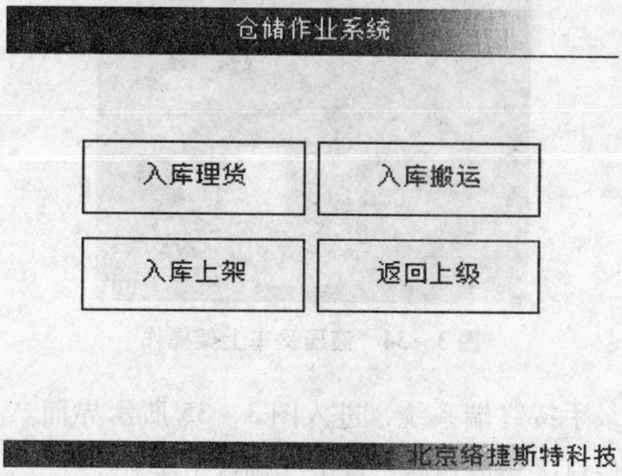

图 3-32 入库上架

单击【入库上架】，在操作界面中可以看到"娃哈哈纯净水"的信息。利用手持终端采集托盘标签信息，信息采集成功后，手持终端系统自动提示货品及目标储位等信息，如图 3-33 所示界面。

当前操作：入库上架	
托盘标签	
名称	－
规格	－
批号	－
数量	－
储位标签	

返回　主菜单　退出系统
1234567890234　娃哈哈纯净水

当前操作：入库上架	
托盘标签	1234567890234
名称	娃哈哈纯净水
规格	1*1
批号	14008
数量	20
储位标签	C01503-　　　B00001

托盘货架区B00001　　　　确认上架
　　　　　　　　　返回　主菜单　退出系统
1234567890234　娃哈哈纯净水

图 3-33　入库上架、采集信息

2. 进行上架操作并反馈

从设备暂存区将液压叉车取出。

利用液压叉车将托盘货物从上架理货区上架至手持终端系统中提示的目标储位，如图 3-34 所示。

图 3-34　液压叉车上架操作

上架完成后，登录手持终端系统，进入图 3-35 所示界面。利用手持终端扫描上架货物的储位标签，信息采集成功后，点击【确认上架】。

当前操作：入库上架	
托盘标签	1234567890234
名称	娃哈哈纯净水
规格	1*1
批号	14008
数量	20
储位标签	C01503- B00001

托盘货架区B00001 　　确认上架
　　　　　　　　返回　主菜单　退出系统
1234567890234　娃哈哈纯净水

图 3 – 35　确认上架

返回主菜单界面，点击【入库理货】，如图 3 – 36 所示，在图中点击【完成】，即完成货物上架反馈。

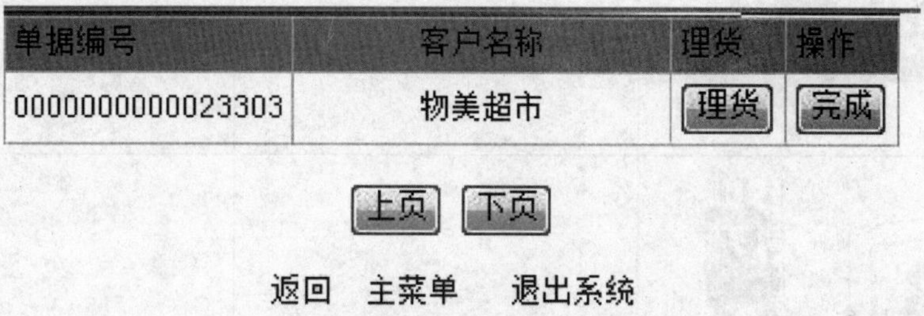

单据编号	客户名称	理货	操作
0000000000023303	物美超市	理货	完成

上页　下页

返回　主菜单　退出系统

图 3 – 36　货物上架反馈

至此，入库上架操作完毕。

上架操作完成后将液压叉车放回设备暂存区。

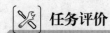 任务评价

表 3 – 21　　　　　　　　结果评价考核

步　骤	序号	考核标准	分值（分）	扣分
步骤一：货物入库理货	1	能够正确对货物进行堆码，利用手持终端对货物进行入库理货操作	30	
步骤二：货物入库搬运	2	能够利用手持终端读取搬运信息，熟练使用搬运车将需要上架货物搬运至上架理货区	35	

续　表

步　骤	序号	考核标准	分值（分）	扣分
步骤三：货物入库上架	3	能够利用手持终端读取货物上架信息，并利用叉车将货物入库上架	35	
合计			100	

✂ 任务实训

表 3 - 22 中是一些常见的叉车入库上架操作事故，通过观看视频及查阅资料，填写图片所示的事故原因和注意事项。

表 3 - 22　　　　　　　　　叉车入库上架操作事故图示

图　示	事故原因	注意事项

图 示	事故原因	注意事项

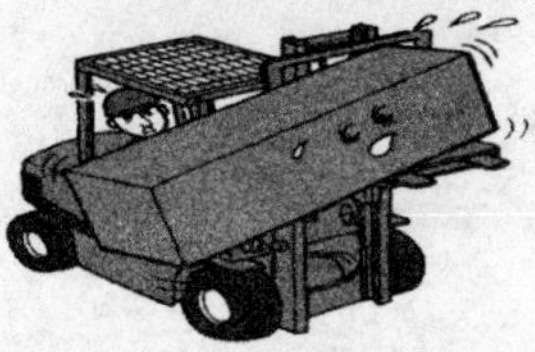		

知识考核

（一）单选题

1. 入库上架没有涉及的活动是（   ）。

A. 搬远

B. 扫描

C. 包装

D. 存放

参考答案：C

（二）多选题

1. 下列对入库上架的搬运规程说法正确的是（   ）。

A. 机动车辆通行道上不得放置货物或杂物，以保持信道畅通

B. 多人操作时必须有人统一指挥，密切配合

C. 搬运物品时，不要因抄近路而穿过危险区

D. 搬运零散货物时，其高度不得超过直径的两倍

参考答案：ABCD

2. 根据不同的标签分类，可以将扫描方式分为（   ）。

A. 按货位扫描入库

— 89 —

B. 按托盘扫描入库

C. 按箱扫描入库

D. 临时对应扫描入库

参考答案：BCD

3. 按维数分类可将条码分为（　　　）。

A. 128 码

B. 一维条码

C. 二维条码

D. 三维条码

参考答案：BCD

模块四 在库作业

任务一 流通加工作业

任务目标

1. 了解入库准备工作的内容；
2. 熟悉入库作业流程；
3. 能对货物的存放区域进行划分，能够完成接货准备工作。

任务描述

小种子玩具公司是一家专门生产儿童玩具的企业，为了提高公司的核心业务能力，该公司将产成品存放于长风物流中心的仓库中，现在该物流中心客服接到小种子玩具公司的发货订单，称该玩具公司为了迎接圣诞节特推出200套玩具组合套装，将一辆玩具车、一个玩具娃娃、一架遥控飞机组成一套。

仓管员收到订单后发现这些套装需要临时进行加工组装。仓管员便通知信息处理员吴斌生成拣选单，通知操作员王强、张德开始拣玩具车、玩具娃娃和遥控飞机各200件，并进行流通加工。他们是如何进行流通加工作业处理的呢？

任务资讯

中华人民共和国国家标准《物流术语》将"流通加工"定义为：流通加工（Distribution Processing），是物品在生产地到使用地的过程中，根据需要施加包装、分割、计量、分拣、刷标志、栓标签、组装等简单作业的总称。

流通加工是为了提高物流速度和物品的利用率，在物品进入流通领域后，按照客户的要求进行的加工活动，即在物品从生产地向消费地流动的过程中，为了促进销售、维护货物质量和提高物流效率，对物品进行一定程度的加工，如图4-1所示。

图 4 - 1　流通加工的内容

一、流通加工的类型

（一）为适应多样化需要的流通加工

一般针对的是生产企业，大批量大规模生产之后，再针对个性化需求进行加工改造。例如平板玻璃开片加工、木柴集中开木下料。

（二）为方便消费、省力的流通加工

根据下游生产的需要将商品加工成生产直接可用的状态。例如：根据需要将钢材定尺、定型，按要求下料；将木材制成可直接投入使用的各种型材；将水泥制成混凝土拌和料，使用时只需稍加搅拌即可使用等。

（三）为保护产品进行的流通加工

一般是为了保护商品的使用价值，延长商品在生产和使用期间的寿命，防止商品在运输、储存、装卸搬运、包装等过程中遭受损失。例如：水产品、肉类、蛋类的保险、保质的冷冻加工、防腐加工等，货物的二次包装、加固等。

（四）未弥补生产领域加工不足的流通加工

由于受到各种因素的限制，许多产品的生产领域的加工只能到一定程度，而不能完全实现终极的加工。例如：木材如果在产地完成成材加工或制成木制品的话，就会给运输带来极大的困难。所以，在生产领域只能加工圆木、板、方材这个程度，进一

步的下料、切裁、处理等加工则通过流通加工完成；钢铁厂大规模的生产只能按规格生产，以使产品有较强的通用性，从而使生产能有较高的效率，取得较好的效益。

（五）为促进销售的流通加工

例如：将过大包装或散装分装成适合一次销售的小包装的分装加工；将以保护商品为主的运输包装改成以促进销售为主的销售包装；将蔬菜、肉类洗净切块以满足消费者个性化需求等。

（六）为提高加工效率的流通加工

该类型以集中加工的形式，解决了单个企业加工效率不高的弊病，它以一家流通加工企业的集中加工代替了若干家生产企业的初级加工，促使生产水平有一定的提高。

（七）为提高物流效率，降低物流损失的流通加工

有些商品本身的形态使之难以进行物流操作，而且商品在运输、装卸搬运过程中极易受损。因此需要进行适当的加工使物流各环节易于操作，提高物流效率，降低物流损失。例如：气体液化，使很难输送的气态物转变为容易输送的液态物，可以提高物流效率。

（八）为衔接不同运输方式、使物流更加合理的流通加工

在干线运输和支线运输的结点设置流通加工环节，可以有效解决大批量、低成本、长距离的干线运输与多品种、少批量、多批次的末端运输和集货运输之间的衔接问题。

（九）生产—流通一体化的流通加工

这是依靠生产企业和流通企业的联合，或者生产企业涉足流通，或者流通企业涉足生产，形成的对生产与流通加工进行合理分工、合理规划、合理组织，统筹进行生产与流通加工安排的流通加工形式。例如：混凝土搅拌车。

二、流通加工的内容

（一）包装

包装（packaging）为在流通过程中保护产品，方便储运，促进销售，按一定的技术方法所用的容器、材料和辅助物等的总体名称。一般来说，商品包装应该包括商标或品牌、形状、颜色、图案和材料等要素。包装所要用到的设备是包装机，如图4－2所示。

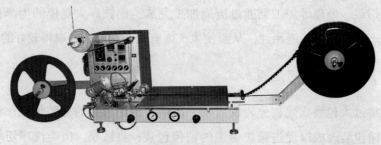

图4-2　包装机

1. 包装机的操作规范（如表4-1所示）

表4-1　　　　　　　　　　　　　包装机的操作规范

操作阶段	序号	操作要点
开机前准备工作	1	开机前必须对所属设备全面检查，一切正常方可开机
	2	检查各地脚螺栓、连接螺栓、各紧固件是否牢固可靠
	3	检查各润滑点润滑是否良好
	4	检查称量装置的准确性和灵活性
	5	检查进出料口是否顺畅，卸料位置是否牢固
	6	全面检查各电器元件是否完好，采光照明是否齐全完好
	7	按规定穿戴好劳保用品
	8	信号准确，与下道工序联系好
	9	检查安全防护设施是否齐全、良好
	10	运转中的设备严禁攀登或跨越
	11	开机前确认机身部分、输出部分、传动部分、定重部分、包装架部分齐全完好，工作现场、设备及附近无人或其他障碍物，确认安全后方可开机
开机顺序	1	接到开机信号后，先开皮带机，最后开包装机
正常操作	1	开机后逐袋检查袋重，如袋重不合格应及时处理
	2	检查袋重，统计袋重合格率，并及时调整袋重
	3	通知输送工控制好料仓料位
	4	发现有破袋及时捡出，打堆保管好等待查点
	5	检查皮带机运转是否正常，发现异常及时通知维修工修理
	6	严禁用湿或油棉纱擦拭电器设备
	7	严禁触及、跨越运转中的设备或部件
	8	紧急情况下，有权紧急停机，但严禁带负荷拉刀闸
停机顺序		与开机顺序相反

2. 包装箱的分类

包装箱根据被运输或装载的物品特性，采用国家标准保护的一种包装，如表 4 - 2 所示。

表 4 - 2　　　　　　　　　　　　　　包装箱的分类

分类	说明	图示
包装箱	适用于各种货物及产品的国内或出口的包装，经济实惠	
滑木箱	适用于大型机械、机电产品或重型设备和生产流水线的包装运输	
花格箱	适用于较大塑料件、布匹或汽车玻璃等产品的国内运输包装	
胶合板箱	适用于一般普通商品的包装运输，单箱装载总质量一般建议不超过 2 吨	
围板箱	是一款可反复循环使用的新型包装，适用于紧固件、金属球、冲压件等不规则产品的包装，是出口到欧洲的产品包装的首选	

3. 包装箱尺寸规定

纸箱的规格一般用纸箱的内径尺寸长、宽、高表示，并按下列顺序和代号给出尺寸，单位 mm。

（1）长度（L）：箱内底面积长边尺寸；

（2）宽度（B）：箱内底面积短边尺寸；

（3）高度（H）：箱内顶面到底面尺寸。

包装箱的尺寸设计内容包括内径尺寸、制造尺寸和外径尺寸。内径尺寸为包装箱成箱后内部空间尺寸；外径尺寸为包装箱成箱后外部轮廓尺寸，可用实际制造的尺寸加所使用的包装板的厚度表示；制造尺寸为包装箱在制造过程中使用的尺寸，可用内径尺寸加所使用的包装板的厚度为制造尺寸。

（二）分割

分割是指利用工具，如机床、火焰等使物体在压力或高温的作用下断开。切割工作一般要借助切割机完成，如图 4-3 所示。

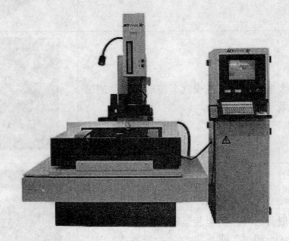

图 4-3 切割机

1. 切割前准备

（1）使用前必须认真检查设备的性能，确保各部件的完好性。

（2）电源闸刀开关、锯片的松紧度、锯片护罩或安全挡板进行详细检查，操作台必须稳固，夜间作业时应有足够的照明亮度。

（3）使用之前，先打开总开关，空载试转几圈，待确认安全无误后才允许启动。

（4）操作前必须查看电源是否与电动工具上的常规额定 220VA 电压相符，以免错接到 380VA 的电源上。

2. 切割注意事项

（1）切割机工作时务必要全神贯注，不但要保持头脑清醒，更要理性地操作电动工具。严禁疲惫、酒后或服用兴奋剂、药物之后操作切割机。

（2）电源线路必须安全可靠，严禁私自乱拉，小心电源线摆放，不要被切断。使用前必须认真检查设备的性能，确保各部件完好。

（3）穿好合适的工作服，不可穿过于宽松的工作服，更不要戴首饰或留长发，严禁戴手套及袖口不扣而操作。

（4）加工完毕应关闭电源，并做好设备及周围场地的清洁。

（三）贴标签

标签是用来标志目标的分类或内容，便于自己和他人查找和定位自己目标的工具。贴标签的方式有手工和机械两种。

1. 手工

（1）操作规范

➢ 贴标签流程：检查与核对标签→找到相应的货物→粘贴标签→加固。

➢ 贴标签人员拿到标签后，认真检查与核对标签与货物目的站、件数等是否完全一致。不对应立即通知柜台修改，特别是手写标签。

➢ 按照标签上的目的站、收货人、件数等条件找到相对应的货物。

➢ 确认信息无误后，进行粘贴。

标签粘贴要点如表4-3所示。

表4-3	标签粘贴的要点
(a)	将标签张贴在货物外包装上。标签一般应贴在货物包装的最大面（即最显眼的地方）
(b)	标签方向不仅要同"不可倒置标志"方向保持同一方，而且必须与外包装箱体文字方向保持一致，不倒置标志同文字方向相冲突时，以不可倒置方向为准
(c)	包装为：木箱或木架的，必须贴两个标签（内物包装和外木包装），以免出现木包装在运输过程中散落后无法确定货物
(d)	包装为：纤袋、桶或其他的包装的，贴标签时必须予以加固
(e)	如果是客户不允许贴标签的货物，可用封口胶或纸缠绕在货物中，然后在收缩膜上贴标签
(f)	同一件货上有我公司旧标签的，可把旧标签轻轻撕去再贴新标签，或者用新标签完全盖住旧标签。同一件货物绝对不可以出现公司两个不同的标签

（2）标签粘贴数

➢ 整批货物规格一样，件数在10件以上的，贴10个标签即可。

➢ 货物在 10 件以下的，必须每件货物都贴标签。

➢ 货物繁杂包装不统一的，必须每件货物都贴标签。

（3）注意事项

➢ 贴标签做到迅速、准确、牢固。

➢ 漏贴、错贴、途中丢失将追究责任人；营业部门所收的货物必须贴标签（整车除外）。

2. 贴标签机

贴标签机可完成平面粘贴，包装物的单面或多面粘贴，柱面粘贴，局部覆盖或全覆盖圆筒粘贴，凹陷及边角部位粘贴等各种作业，如图 4 - 4 所示。

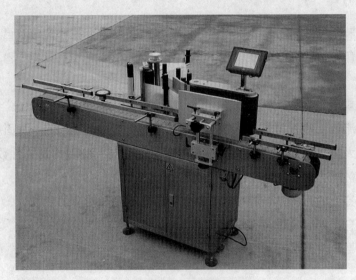

图 4 - 4　贴标签机

✂ 任务实施

步骤一：加工订单处理

信息处理员吴斌收到对"玩具套装"的组装通知后，开始处理加工订单。由于要加工 200 套玩具组合套装，将一辆玩具车、一个玩具娃娃、一架遥控飞机组成一套。则需调用玩具车、玩具娃娃、遥控飞机各 200 个，形成拣选单。

步骤二：拣选作业

仓库操作员收到信息处理员吴斌发来的拣选单，到仓库对所需物品进行拣选。

步骤三：流通加工与包装作业

操作员将拣取的玩具车、玩具娃娃、遥控飞机各 200 件放到包装加工作业台上，交给操作员张德来进行组装和包装作业。

1. 组合

将玩具车、玩具娃娃、遥控飞机从周转箱内取出放到工作台上，然后根据组装要求，进行一对一的组合，如图 4 - 5 所示。

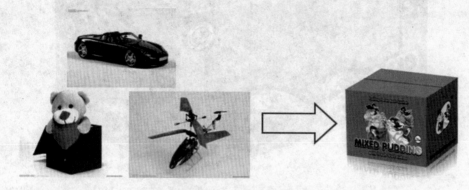

图 4 - 5   组合

2. 包装

（1）分析货物性质，确定包装类型

由于玩具套装是组合整套销售，所以需要销售包装，即俗称小包装或内包装。是紧贴产品的按一定的数量包装好的，直接进入市场与消费者见面的产品包装。玩具套装在搬运和输运过程中易造成损失，故需要进行运输包装，即外包装，又称大包装。生产部门为了方便记数、仓储、堆存、装卸和运输的需要，必须把单体的物品集中起来，装成大箱，这就是运输包装。中包装，也属运输包装一部分（视用途而定），它是为了计划生产和供应，有利于推销，计数和保护内包装而设计的。

（2）确定包装的材料

玩具套装的大小是 65cm×55cm×45cm，销售包装可以采用 70cm×60cm×50cm 的纸盒，如图 4 - 6 所示；运输包装可采用木箱，根据玩具套装包装盒销售包装的规格，我们将四个玩具套装包装盒合为一组装载在的一个木箱里，可采用规格为 150mm×65mm×110mm 的木箱，如图 4 - 7 所示。

（3）进行包装

准备好 200 个规格为 70cm×60cm×50cm 的纸箱、箱内垫衬材料、胶带、弹簧刀、半自动打包机等。将玩具套装装入纸箱，并用垫衬材料对空隙进行垫衬，防止玩具套装在运输过程中在纸箱内晃动，造成损失。将箱口折叠、盖好，用胶带和半自动打包机进行封箱，并在箱体上贴上 CE 安全合格标识。

要准备 50 个规格为 150mm×65mm×110mm 的木箱，以及垫衬材料。将有销售包

图 4 – 6　纸盒

图 4 – 7　木箱

装的玩具套装包装盒四个为一组，按两层、每层两个的方式装在木箱里，并对木箱中的空隙进行垫衬。

用木箱封箱工具对其进行封箱，并在箱体上贴上向上的标识。

步骤四：理货

操作员张德将装有"玩具套装"的运输包装箱根据码放要求放到托盘上，理货完毕后，利用搬运车将物品搬运至发货区等待发货。

任务评价

表4-4　　　　　　　　　　　　　　　　结果评价考核

步骤	序号	考核标准	分值（分）	扣分
步骤一：加工订单处理	1	能够根据客户要求形成加工订单和拣选订单	15	
步骤二：拣选作业	2	能够根据拣选单将所需货品一一拣出	15	
步骤三：流通加工与包装作业	3	能够正确使用包装机包装货物。操作不规范扣5分，包装不良扣5分，损坏货物扣10分	15	
	4	能够正确使用切割机切割货物。切割前不检查此项直接记0分；切割不遵照操作注意事项乱拉电线，互相嬉戏等每项扣2分，扣完为止	15	
	5	能够给货物正确地贴标签。操作不规范扣5分；标签粘贴数选择不当扣4分；贴标签没做到迅速、准确、牢固扣5分；漏贴扣4分，错贴扣5分，扣完为止	15	
	6	盘点后能及时清理现场。盘点完毕，要将盘点所用的工具放回原位，否则扣5分；盘点所产生的垃圾废物要及时处理，否则扣10分	15	
步骤四：理货	7	能够将包装好的货品利用搬运车搬运至出库理货区	10	
合计			100	

任务实训

老师将学生带到物流实训室，学生5~6人为一组进行贴标签比赛。

比赛规则：①每个小组选一位同学做评委；②其他同学跟组员给货物贴标签；③要求每组在10分钟内完成任务；④在其他同学进行贴标签时，评委们巡回对每组的操作规范情况打分；⑤比赛时间结束，评委对每组的完成情况打分；⑥总分=操作规范×60%+完成情况×40%，最后得分为各位评委的平均分。

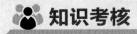 知识考核

（一）技能题

2012 年 8 月 4 日，客户新新书店致电客服蓝盈，要求长风物流中心将新概念英语 1、2、3、4 进行组装（每套套装里各包含一本新概念英语 1、2、3、4），组装完成后需要给组装货物贴上"新概念英语套装"标签，然后组装好的货品进行上架操作。客服员蓝盈收到客户发来的需求信息，根据要求制作成如表 4-5 所示的流通加工订单。

表 4-5　　　　　　　　　　　　　流通加工订单

货物名称	批次	单位	数量	质量	原储区	原储位
新概念英语 1	20120801	本	50	正品	电子拣选区	B00005
新概念英语 2	20120802	本	50	正品	电子拣选区	B00006
新概念英语 3	20120803	本	50	正品	电子拣选区	A00005
新概念英语 4	20120804	本	50	正品	电子拣选区	A00006
加工要求	将上述零散货物进行组装，并贴上"新概念英语套装"标签，重新上架至电子拣选区 B00001 储位					
客户名称	新新书店					
采购订单号	20120804001					
客户指令	20120804001					
库房名称	C 库					
订单来源	电话					
紧急程度	一般					
加工类型	组合					
下达时间	2012 年 8 月 4 日					

请通过角色扮演，按照要求完成流通加工任务。

任务二　移库作业

任务目标

1. 了解移库的原因；

2. 掌握不同类型移库作业的操作要点、要求及流程；

3. 能够判断哪种情况需要移库，能够独立完成移库操作。

任务描述

2014 年 8 月 6 日，长风仓储配送中心仓管员李宁根据货物出入库频率对仓库内各储区的货物进行了优化管理，以提高出入库速度。从而决定将立体仓库区 B00306 储位名称为显示器（条码为 9787798975703，数量为 20 箱）的货物移至托盘货架区 A00002 储位。移库作业单如表 4-6 所示。

表 4-6 　　　　　　　　　　　　　　**移库单**

单号：L000012111　　　　　　　　　　　　移库日期：2014 年 8 月 6 日

货物名称	条码	源库位	数量	单位	目的库位	备注
显示器	9787798975703	立体仓库区 B00306	20	箱	托盘货架区 A00002	
总计			20			

制单人：李宁　　　　　　　　　　　　　　仓库主管：

仓管员李宁该如何完成本次移库操作呢？

任务资讯

移库是仓管员为了规范仓储管理，确保库存数据的准确性、出库作业的安全性、提高作业效率，对货物进行库位调整的作业过程。

一、移库介绍

（一）移库的原因

（1）进行盘点作业时发现货物损坏或质量下降，要求移库，以对货物分类管理。

（2）盘点时发现货物放错地方，需要重新调整。

（3）入库时，因托盘不够用而产生拼托，等托盘充足了就进行移库。

（4）货物大部分出库后，剩余的部分暂时存放在某处，有新货物入库后要进行重新调整。

（5）原先质量有点问题的货物经过简单加工恢复正常，可以移到正常货物的仓库。

（6）原先因为库存紧张，将货物放在别的仓库，现在仓库有充足的储位，将货物移到预想进入的仓库，以方便管理。

（7）目前的仓库储量小，而别的仓库仍有充足储位，移库可以方便管理，而且可以节约照明、恒温等资源。

（二）移库的类型

1. 同一仓库内移库（如图 4 - 8 所示）

适用于仓储移库员在同一实物仓库内进行货物储位、库存形态间移动的处理过程，以下是针对这种移库操作的说明：

（1）库存商品在仓库库位间的任何移动均需进行移库作业；

（2）移库需求单位填写移库单交由仓储主管核准后，方可执行移库操作；

（3）仓储移库员根据仓储主管核准的移库单进行实物及系统的移库操作。

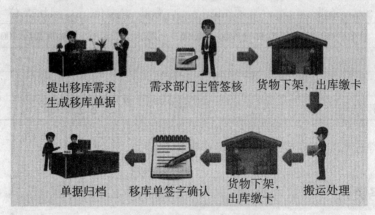

图 4 - 8　仓库内移库示意图

2. 不同仓库间移库（如图 4 - 9 所示）

隶属于同一公司的不同仓库间移库操作主要分为两个步骤，即移出库和移入库。

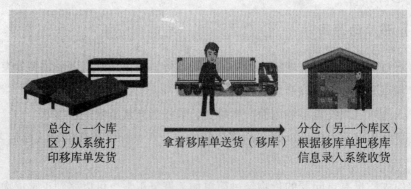

图 4 - 9　仓库间移库示意图

二、移库的流程

移库作业包含了移库请求、移库申请、移库作业准备、移库作业、移库信息登记、移库异常处理、工具归位等操作（如图 4－10 所示）。

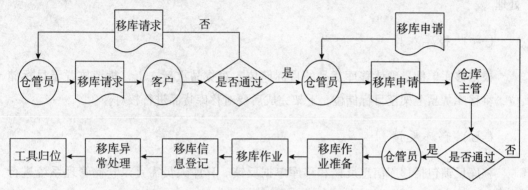

图 4－10 移库作业流程

（一）移库请求

当仓库存货少或其他仓库更适合存放某货物时，仓管员为了方便管理和节约资源，向客户提出移库请求。移库请求要说明移库货物的名称、数量，移库的原因，新库名称等。

（二）移库申请

若客户同意移库，仓管员需向仓库主管提出移库申请，说明移库货物的名称、数量，移库的原因，移库后货物储存的仓库、储位等。

（三）移库作业准备

得到仓库主管的移库审批后，仓管员应进行移库准备。移库准备包括移库单的制作；安排移库的人员，如叉车司机、搬运工等；准备移库工具与材料，如托盘、衬垫物等。

（四）移库作业

仓管员指挥相应人员完成移库作业。指挥搬运工放好托盘，指挥叉车司机搬运相应货物并将货物放到指定的货架上。

（五）移库下架

移库作业人员根据移库单信息明确移库的对象，确认移库货品的储存位置，确认之后将移库货品的货卡撤除，并使用装卸搬运设备将货品卸下。其间要做好移库信息处理。

（六）移库入库

根据移库单信息确认移库货品的目标储位，对货品重新立卡，货卡放置于目标储位，将移库货品上架至目标储位，上架完成后要对移库货品进行核对。

（七）移库反馈

移库反馈包括移库信息反馈和移库单据反馈。移库人员需登录仓储管理系统进行移库信息反馈。除此之外，移库人员要将移库单交至仓库主管处，仓库主管确认移库无误后签字，并将移库单据留档保管。

（八）移库异常处理

在进行移库作业时可能会发现货物损坏或货物丢失等现象。这时应与客户及时联系，协商赔偿，然后追查原因，避免此类情况的再次发生，还要追究相应人的责任。

（九）工具归位

移库作业完成，将用到的工具放回原位，以方便下次领取。

三、移库单

货物进行移库作业时，必须根据有关部门开具的货物移库单来组织货物的出库。移库单包含的主要信息有货物名称、编码、数量、原储存储位、目标储位等信息。

（一）移库单的重要性

移库单作为仓库移库作业的主要原始凭证，其重要性体现在：

（1）作为移库作业的数据参考来源，移库人员可以使用移库单来完成正确货物的移库作业；

（2）作为移出仓库/储位的销账凭证；

（3）作为移入仓库/储位的进账凭证。

(二) 移库单填写要求 (如表4-7所示)

表4-7 移库单

单号: 移库日期: 年 月 日

货品编号	货品名称	原库位	数量	单位	目标库位	备注
总计						

制单人: 作业员: 主管人:

移库单中包含的各项信息在填写时要求如下:

(1) 单号:移库作业的指令号;

(2) 移库日期:预完成移库作业的日期;

(3) 货物名称:移库货物的名称,填写时应当填写货物的全称;

(4) 货物编码:货物编码是指用一组用来标识货物的阿拉伯数字,对于货物来讲,编码数字本身及其位置并不表示任何特定信息,但其货物编码具有唯一性;

(5) 货物数量:是移库货品的数量;

(6) 原储位:移库货品在移库之前储位的编码信息;

(7) 目标储位:移库货品将要移至的储位的编码信息;

(8) 备注:货物移库时需要注意的其他未注明的事项;

(9) 制单人、作业员、仓管员:各个环节作业结束时,相关操作人员签名,以便交接和责任认定。

任务实施

步骤一:移库作业单处理

使用给定的用户名和密码登录仓储管理系统。进入【仓储管理】系统,选择【移库作业】,进入移库作业列表,如图4-11所示。

点击图4-11下方的【新增】按钮,进入到移库作业单填写界面。填写好需要移库的【库房信息】:填写库房,移至库房。

在下方的"源—库存条目"列表中,查询需要移库货品的库存情况:【选择】客户编码、选择正确的【区编码】和【储位编码】,点击【查询库存】,系统就会按查询条件过滤出可以移动的库存货品,如图4-12所示。

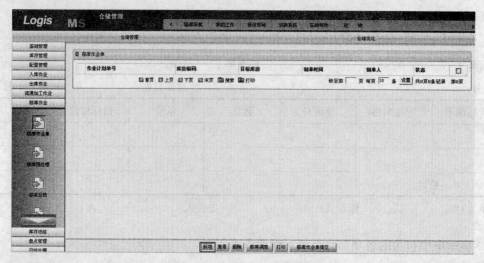

图 4－11　移库作业新增界面

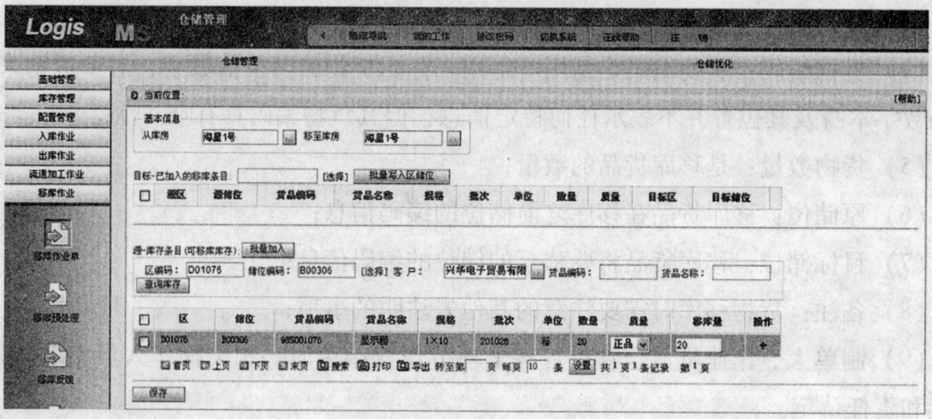

图 4－12　查询库存

【备注】：在选择源储位【区编码】时，要根据源储区的名称进行选择，即寻找储区名称为"立体仓库区"的区域。设定好储区后，直接寻找"B00306"储位即可。根据库存货品的库存量确定移库量，点击要移库的货品右侧的上移箭头，将货品移动到移库条目区域，如图 4－13 所示。

在移库目标区域，【选择】"目标储位"信息，如图 4－14 所示。

确定移库的目标区域后，点击图【保存】按钮，进入图 4－15 所示界面。

勾选正确的作业计划单号对应的订单，点击图 4－15 中的【移库作业单提交】按钮，进入图 4－16 所示界面。

步骤二：移库预处理

在移库作业任务中选择【移库预处理】，如图 4－17 所示。

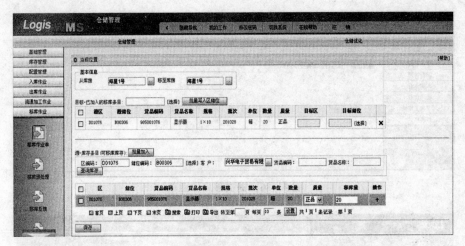

图 4 - 13　移库列表

图 4 - 14　选择移库目标区域

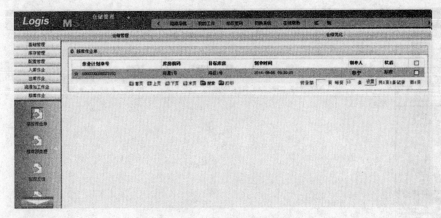

图 4 - 15　生成移库作业单

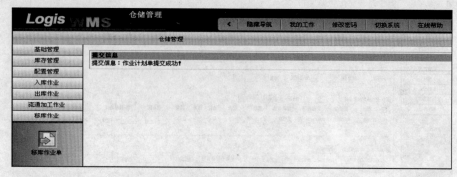

图 4 - 16　提交移库作业单

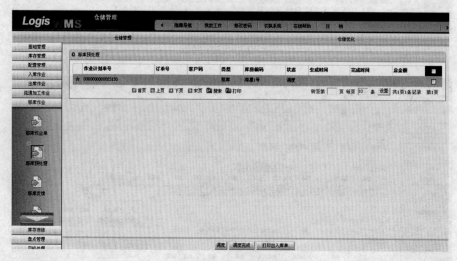

图 4 - 17　移库预处理

　　勾选正确的作业计划单号对应的订单，点击图 4 - 17 中的【调度】按钮，进入图 4 - 18 所示界面。

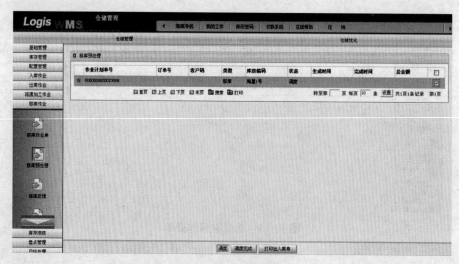

图 4 - 18　移库调度

进入移库调度界面，在基本信息中查看移库作业的源区域和目标区域是否设定正确，如图 4 – 19 所示。

图 4 – 19 移库基本信息

在图 4 – 19 中，查看并确认移库单的基本信息、拣货情况、上架情况和资源调度后，点击【调度完成】按钮。

步骤三：下架操作

（1）从设备暂存区取出堆高车；

（2）将堆高车停放在立体仓库区 – B00306 货位前；

（3）启动立体仓库，利用堆高车将立体仓库区 – B00306 货位的货物下架。

步骤四：搬运上架操作

（1）利用搬运车将货物搬运至托盘货架交接区；

（2）利用堆高车将货物上架至托盘货架区 – A00002 货位。

步骤五：移库反馈

进入【仓储管理】系统，点击左侧任务栏中的【移库作业】，选择【移库反馈】，进入如图 4 – 20 所示界面。

勾选正确的作业计划单号对应的订单，点击图 4 – 20 中的【作业计划单反馈】按钮，进入图 4 – 21 所示界面。

在图 4 – 21 中，查看并确认移库单的基本信息、拣货情况、上架情况和资源调度后，点击【反馈完成】按钮。

至此，移库作业操作完成。

图 4 – 20 移库反馈界面

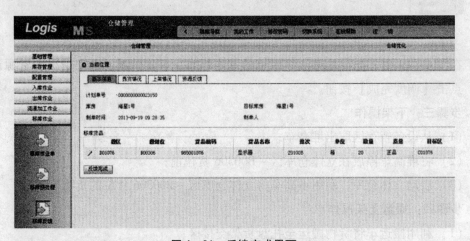

图 4 – 21 反馈完成界面

 任务评价

表 4 – 8　　　　　　　　　　结果评价考核

步骤	序号	考核标准	分值（分）	扣分
步骤一：移库作业单处理	1	能够利用仓储系统进行移库作业单新增操作，并了解移库的原因	10	
步骤二：移库预处理	2	能够利用仓储系统进行移库调度操作	10	
步骤三：下架操作	3	能够利用堆高机进行货物的下架操作	20	

续 表

步骤	序号	考核标准	分值（分）	扣分
步骤四：搬运上架操作	4	（1）能够利用叉车进行货物的搬运	30	
		（2）能够利用堆高机进行货物的上架操作	20	
步骤五：移库反馈	5	能够利用仓储系统进行移库调度操作	10	
合计			100	

✂ 任务实训

下面是一则关于"北大荒物流集团联合中储粮、中远集团等国内相关领域的龙头企业，开展农产品跨省移库业务"的新闻资料，阅读完后请谈一谈你的感想。

北大荒启动"跨省移库"业务

2013 - 09 - 25 09：38：15　来源：黑龙江日报

近日，一列列满载水稻的集装箱列车由北大荒物流集团建三江物流园区驶向营口港，拉开了北大荒物流集团"跨省移库"业务的序幕。

此次，北大荒物流集团联合中储粮、中远集团等国内相关领域的龙头企业，开展了跨省移库业务。利用北大荒物流集团建三江物流园区的区位优势、仓储资源和场站资源，将中储粮的储备粮运往各地。这标志着北大荒物流集团建三江集装箱发运场站正式运营，该场站从施工建设、申报批准到投入运营都在一年内完成。

目前，国内物流领域正经历着一个难得的发展期，传统物流运作模式正在不断接受来自市场的挑战。北大荒物流集团确定了通过上下游物流存量的整合最终形成闭合的供应链的发展目标，依托垦区丰富的粮食及农副产品资源，通过贸易反哺物流、物流保证贸易，实现物流与贸易波峰与波谷之间的相对平衡，并最终形成了物流与贸易相结合的物流贸易产业链条。

作为国家"AAAAA"级物流企业，北大荒物流集团依托垦区的丰富资源，把园区建设作为企业发展的根本，逐步扩大集装箱发运场站的数量及规模，形成以覆盖全国的物流网点为发展链条，以北大荒物流的"点、线"保障黑龙江垦区粮食食品安全运输通道。

下一步，北大荒物流集团将推广建三江物流园区成功的经营运作模式和经验，积极开展九三物流园区、宝泉岭物流园区等大型园区的建设及集装箱发运场站建设工作，整合物流资源，加快物流基础设施、物流网络建设和物流信息化建设，努力打造以农产品及食品集装箱运输业务为主、冷链物流为特色、功能齐全的现代化第三方物流企业集团。

知识考核

（一）技能题

2012 年 8 月 3 日，长风物流中心 C 库管理员李青接到仓库主管刘毅的指令，要求完成一批货物的移库作业，具体的移库信息如表 4 - 9 所示。

表 4 - 9 移库单

单号：2012080308　　　　　　　　　　　　　　　移库日期：　2012 年 8 月 3 日

货品编号	货品名称	原库位	数量	单位	目标库位	备注
9787798970001	娃哈哈矿泉水	A0001	20	箱	A0003	
总计			20			

制单人：伶俐俐　　　　　作业员：　　　　　　　主管人：

如果你是仓管员李青，此次移库作业的具体任务是什么？为了完成此次移库作业，你需要使用到哪些设备？完成操作后如何进行信息反馈及交接？

任务三　补货作业

任务目标

1. 熟悉补货作业的流程；
2. 能够正确掌握补货作业操作流程。

任务描述

2014 年 8 月 5 日下午，长风仓储配送中心仓管员李宁在海星 1 号库房巡视物品存量时，发现贝壳纽扣的存量已低于安全库存。李宁将信息上报仓库主管后接到补货指令：需要完成将一部分贝壳纽扣从托盘货架区至电子货架区（E00734 - A00006）的补货作业。具体内容如表 4 - 10 所示。

表 4 – 10   **长风仓储海星 1 号补货单**

长风仓储中心海星 1 号补货单

补货单号：20140805001   2014. 8. 5

货品编码	货品名称	单位	数量	目标储位	原储位
9787799630021	贝壳纽扣	箱	20	E00734 – A00006	C00734 – C00000

制单人：×××

仓管员李宁该如何完成本次任务呢？

⊕ 任务资讯

　　补货作业是将货物从仓库保管区域搬运到拣货区的工作。也是指当配送区域的配送物品发生短缺时，从物品保管区搬运到配送作业区补充物品的物流活动。

　　补货作业的目的是保证拣货区有货可拣，是保证充足货源的基础。补货通常是以托盘为单位，从货物保管区将货品移到拣货区的作业过程。

一、补货的类型

　　补货的类型主要可以分为整箱补货、电子拣选补货、托盘补货以及货架上层至货架下层的补货四类，如表 4 – 11 所示：

表 4 – 11   **补货类型**

补货类型	补货方式
1. 整箱补货	由货架保管区补货到流动货架的拣货区。拣货员从保管区拣货之后把货物放入输送机并运到动管发货区，当动管区存货低于设定标准时，则进行补货作业。这种补货方式由作业员到货架保管区取货箱，用手推车载箱至拣货区。较适合于体积小且少量多样出货的货品
2. 电子拣选补货	这种补货方式是指以单件货物为单位进行的补货，当电子拣选货架上的货物低于设定标准时，单件货物由保管区取出后拆零补货到电子拣货货架上。这种补货方式适用于较贵重、出货量小、体积较小的货物
3. 托盘补货	这种补货方式是以托盘为单位进行补货。以托盘为单位由保管区运到地板堆放动管区，当存货量低于设定标准时，立即补货，使用堆垛机把托盘由保管区运到拣货动管区，也可把托盘运到货架动管区进行补货。这种补货方式适合于体积大或出货量多的货品

补货类型	补货方式
4. 货架上层至货架下层的补货	此种补货方式保管区与动管区属于同一货架，也就是将同一货架上的中下层作为动管区，上层作为保管区，而进行补货时则将动管区放不下的多余箱放到上层保管区。当动管区的存货低于设定标准时，利用堆垛机将上层保管区的货物搬至下层动管区。这种补货方式适合于体积不大、存货量不高，且多为中小量出货的货物

二、补货作业方式

（一）批次补货

每天由电脑计算所需货物的总拣取量，从而在拣货之前一次性补足，以满足全天拣货量。适于一天内作业量变化不大，紧急插件不多，或是每批次拣取量大的情况。

（二）定时补货

把每天划分为几个时点，补货人员在时段内检查动管拣货区货架上的货品存量，若不足则及时补货。适用于分批拣货时间固定，且紧急处理较多的配送中心。

（三）随机补货

指定专门的补货人员，随时巡视动管拣货区的货品存量，发现不足则随时补货。适于每批次拣取量不大，紧急插件多以至于一日内作业量不易事先掌握的情况。因为补货主要是为拣货作准备，因此补货作业的发生与否主要看动管拣货区的货物存量是否符合需求，究竟何时补货要看动管拣货区的存量；以避免出现在拣货中途才发现动管区货量不足需要补货，而影响整个拣货作业。通常，可采用批次补货、定时补货或随机补货三种方式。

三、补货作业流程

当客户发出订货请求，仓管员就要检查拣货区的存货情况。如果货物充足，则直接给客户送货，若货物不足，则选择恰当的补货时机和补货方式补货。

（一）接收客户订货

客户发出订货信息后，要及时记录货物的名称、数量、单位、取货时间等信息，然后还要再次与客户核对，以避免错误的发生。然后根据记录的补货信息填写补货单。

（二）检查货区的存货情况

仓管员就要检查拣货区的存货情况。如果货物充足，则直接给客户送货，若货物不足，则选择恰当的补货时机和补货方式补货。

（三）清理现场

补货完毕，要将补货所用的工具放回原位，补货所产生的垃圾废物要及时处理。

四、平常补货应注意的事项

（1）对已变质、受损、破包、受污染、过期、条码错误的商品严禁出售。

（2）需要补货时，必须先整理排面，维持好陈列柜的清洁。

（3）补货时要利用工具（平板车、五段车、周转箱等）进行补货，以减少体力支出，提高工作效率。

（4）叠放在栈板上的货品，应注意重量及体积大的放在下层，体积小和易坏的放在上层，摆放整齐。

（5）补货完毕后迅速将工具、纸箱等整理干净。

（6）补货完毕后需检查价格是否与商品对应。

（7）补货时商品要轻拿轻放，避免因重摔而影响商品鲜度。

任务实施

长风仓储中心的补货流程如图 4-22 所示。

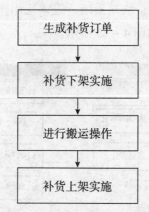

图 4-22 长风仓储中心补货流程

步骤一：生成补货订单

仓管员李宁登录【仓储管理系统】→【移库作业】→【补货作业】→【新增】，按照补货指令填写补货信息，如图 4 – 23 所示。

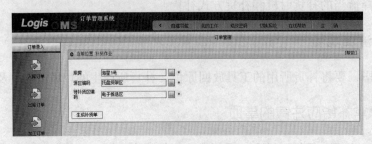

图 4 – 23 新增补货订单

补货指令录入完毕后，点击【生成补货单】，即补货指令已生成，进入图 4 – 24 所示界面。

图 4 – 24 生成补货订单

勾选已录入完毕的补货单，然后点击【补货作业单提交】，即补货指令处理完毕。

步骤二：补货下架实施

补货单信息生成以后，李宁使用给定的用户名和密码登录手持终端系统，并选择库房名称（海星 1 号），登录手持终端系统，进入应用操作主功能界面，选择【补货/出库作业】→【下架作业】，如图 4 – 25 所示。

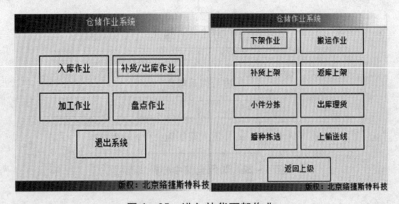

图 4 – 25 进入补货下架作业

点击下架作业。从设备暂存区取出叉车，行驶至托盘货架区。登录手持终端，进入补货下架页面。根据手持终端提示采集托盘标签信息，如图4-26所示。

信息采集成功后，手持终端系统自动显示默认拣货数量和储位信息，如图4-27所示。

<table>
<tr><td>

当前操作：出库拣货
客户：默认客户

托盘标签   8000000000100

储位标签   -

货品名称   -

规格   -

数量   - -

返回   主菜单   退出系统
8000000000100   C00734-C00000   贝壳袖扣 20

</td><td>

当前操作：出库拣货
客户：默认客户

托盘标签   8000000000100

储位标签   C00734- C00000   C00000

货品名称   贝壳袖扣

规格   1×5

数量   20 20   确认下架

返回   主菜单   退出系统
8000000000100   C00734-C00000   贝壳袖扣 20

</td></tr>
<tr><td align="center">图4-26 采集托盘标签信息</td><td align="center">图4-27 采集储位标签信息并确认</td></tr>
</table>

根据手持终端提示的储位标签，采集储位信息，核对补货下架数量无误后，在图4-27中点击【确认下架】。手持终端中的待下架列表为空，证明货物已经下架完毕。

根据手持终端的提示信息，利用叉车将补货下架的货物从正确储存位下架，并搬运至托盘货架交接区，如图4-28所示。

图4-28 补货下架

下架操作完成后，将叉车放回设备暂存区。

步骤三：进行搬运操作

1. 查看搬运操作信息

登录手持终端补货/出库作业界面，如图 4 - 29 所示。

在图 4 - 29 中，点击【搬运作业】，进入图 4 - 30 所示界面。

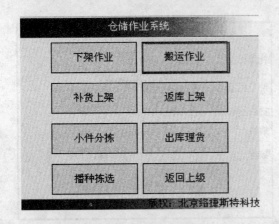

图 4 - 29 出库作业界面 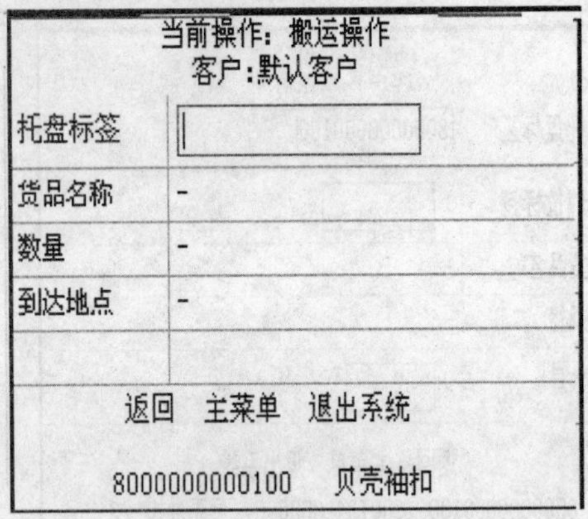   图 4 - 30 补货搬运

根据手持终端提示，采集托盘标签信息。信息采集成功后，手持终端系统自动显示货品名称、货品数量和到达地点等信息，如图 4 - 31 所示。

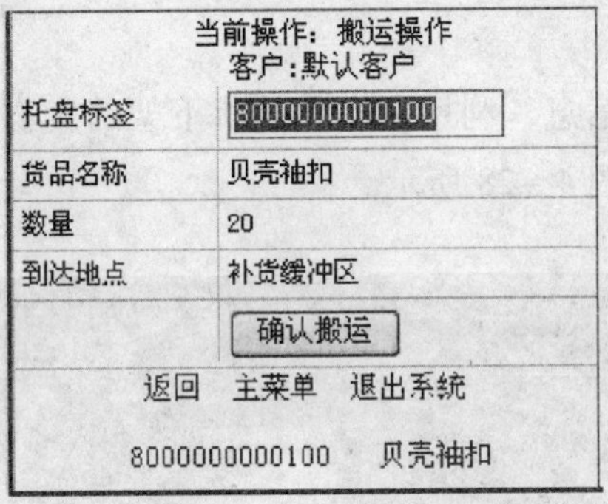

图 4 - 31 采集托盘标签信息并确认

在图 4 - 31 中，点击【确认搬运】，完成补货搬运操作。

2. 搬运操作

从设备暂存区取出电动搬运车，行驶至托盘货架交接区。

根据手持终端提示信息，将托盘货架交接区的货物搬运至补货暂存区，如图 4 - 32 所示。

步骤四：补货上架实施

1. 查看补货上架信息

登录手持终端补货/出库作业界面，如图 4 - 33 所示。

图 4-32　搬运操作

在图 4-33 中，点击【补货上架】，进入图 4-34 所示界面。

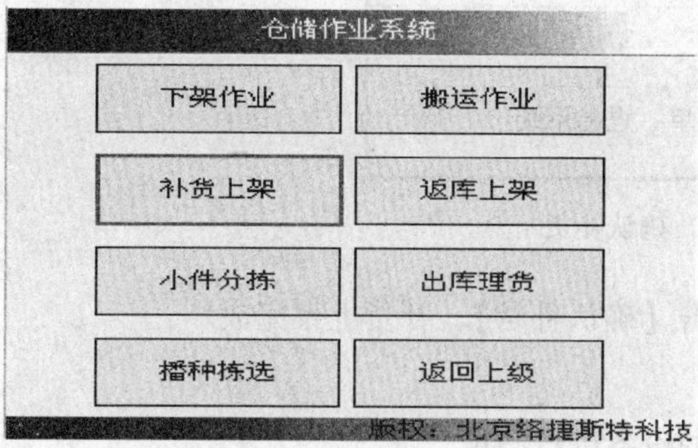

图 4-33　出库作业界面 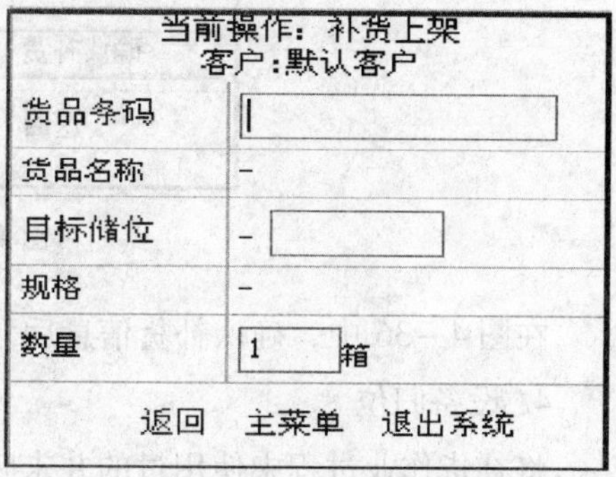　　　　　图 4-34　补货上架

利用手持终端扫描货品条码，信息采集成功后，如图 4-35 所示。

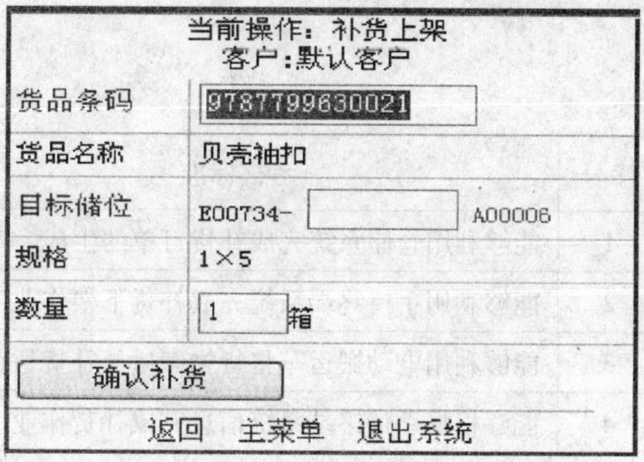

图 4-35　采集货品条码信息

2. 上架操作

根据手持终端提示信息，将货物摆放到电子货架区（E00734 - A00006）正确储位

上。摆放时须正确、规范操作。

3. 补货上架信息确认

进入手持终端补货上架界面，扫描已补货的储位标签，信息采集成功后如图 4 – 36
所示。

图 4 – 36　确认补货

在图 4 – 36 中，确认补货信息后，点击【确认补货】，补货上架完成。

4. 设备归位

将补货作业过程中使用过的并未归位的设备进行归位。

至此，补货作业操作完成。

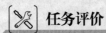 **任务评价**

表 4 – 12 　　　　　　　　　　结果评价考核

步骤	序号	考核标准	分值（分）	扣分
步骤一：生成补货订单	1	能够利用仓储系统完成补货订单的生成	20	
步骤二：补货下架实施	2	能够利用手持终端系统完成补货下架作业	25	
步骤三：进行搬运操作	3	能够利用电动搬运车将货物搬运至补货暂存区	25	
步骤四：补货上架实施	4	能够根据手持终端系统信息完成补货作业	30	
合计			100	

任务实训

1. 请画出补货作业的流程图。

```


```

2. 图 4-37 是补货信息处理的作业流程，请用自己的话描述补货信息处理的流程，并说明补货信息处理有什么作用。

图 4-37 补货信息处理流程

知识考核

（一）单选题

1. 货物下架的流程不包括（ ）。

A. 下架信息处理

B. 采集托盘信息

C. 采集储位信息

D. 签字确认

参考答案：D

2. 补货作业的流程中不包括（　　）。

A. 补货信息录入

B. 采集托盘信息

C. 补货包装

D. 仓管员签字确认

参考答案：C

（二）多选题

1. 补货作业主要涉及哪些作业区域（　　）。

A. 托盘货架区

B. 电子拣选区

C. 补货暂存区

D. 包装加工区

E. 出库理货区

参考答案：ABC

2. 补货信息需要注意的事项有（　　）。

A. 货品名称

B. 库房

C. 源区域

D. 客户信息

参考答案：ABC

3. 补货作业主要涉及哪些设备（　　）。

A.

B.

C.

D.

参考答案：ABCD

（三）判断题

1. 补货信息维护要确保货品名称正确无误，否则会影响后续信息维护的进行。
（　）

参考答案：正确

2. 源区域即发生补货需求的货品的保管区域名称，一般为平堆区、立体货架区、托盘货架区等。（　）

参考答案：正确

3. 补货点即补货需求的货品的最低库存量，如若某货物的补货点为10，则当货位上的货物数量多于10时，就必须进行补货。（　）

参考答案：错误

4. 补货完成后，要注意做好现场清理、设备归位及签字交接等工作。（　）

参考答案：正确

5. 补货时注意不要超过该货物的最大库存。（　）

参考答案：正确

任务四　盘点作业

任务目标

1. 熟悉盘点作业的流程；
2. 能够正确掌握盘点作业操作流程。

任务描述

长风仓储配送中心执行月盘制度，盘点时间为每个月的14日和15日两天。但近期客户物美超市为了保证库存数量的准确性，要求为其储存在长风仓储海星库房的电器类物品进行一次货品盘点。2014年8月11日，长风仓储配送中心的仓库主管安排盘点操作员杨朝来对电器类托盘货架进行盘点，盘点类型为区域盘点。

杨朝来接到这个任务后，他该如何完成这次盘点作业呢？

[+] **任务资讯**

一、盘点介绍

（一）盘点定义

所谓盘点，是指定期或临时对库存商品的实际数量进行清查、清点的作业，即为了掌握货物的流动情况（入库、在库、出库的流动状况），对仓库现有物品的实际数量与保管账上记录的数量相核对，以便准确地掌握库存数量。

（二）盘点目的

仓库在营运过程中存在各种损耗，有的损耗是可以看见和控制的，但有的损耗是难以统计和计算的，如偷盗、账面错误等。因此需要通过年度盘点来得知店铺的盈亏状况。通过盘点，一来可以控制存货，以指导日常经营业务；二来能够及时掌握损益情况，以便真实地把握经营绩效，并尽早采取防漏措施。

具体来说，盘点可以达到如下目标：

（1）店铺在本盘点周期内的亏盈状况；

（2）店铺目前最准确的库存金额，将所有商品的电脑库存数据恢复正确；

（3）得知损耗较大的营运部门、商品大组以及个别单品，以便在下一个营运年度加强管理，控制损耗；

（4）发掘并清除滞销品、临近过期商品，整理环境，清除死角。

（三）盘点原则

在进行商品盘点时，应该按照以下原则进行：

（1）真实：要求盘点所有的点数、资料必须是真实的，不允许作弊或弄虚作假，掩盖漏洞和失误；

（2）准确：盘点的过程要求准确无误，无论是资料的输入、陈列的核查、盘点的点数，都必须准确；

（3）完整：所有盘点过程的流程，包括区域的规划、盘点的原始资料、盘点点数等，都必须完整，不要遗漏区域、遗漏商品；

（4）清楚：盘点过程属于流水作业，不同的人员负责不同的工作，所以所有资料必须清楚，人员的书写必须清楚，货物的整理必须清楚，才能使盘点顺利进行；

（5）团队精神：盘点是全店人员都参加的营运过程。为减少停业的损失，加快盘点的时间，超市各个部门必须有良好的配合协调意识，以大局为重，使整个盘点按计划进行。一般是每月对商品盘点一次，并由盘点小组负责各店铺的盘点工作。

为了确保商品盘点的效率，应坚持三个原则：

（1）售价盘点原则，即以商品的零售价作为盘点的基础，库存商品以零售价金额控制，通过盘点确定一定时期内的商品溢损和零售差错；

（2）即时盘点原则，即在营业中随时进行盘点，"停止营业"以及"月末盘点"并不一定才是最合适的盘点，超市（尤其是便利商店）可以在营业中盘点，且任何时候都可以进行；

（3）自动盘点原则，即利用现代化技术手段来辅助盘点作业，如利用掌上型终端机可一次完成订货与盘点作业，也可利用收银机和扫描器来完成盘点作业。

（四）盘点的内容

1. 查数量

通过盘点查明库存商品的实际数量，核对库存账面数量与实际库存数量是否一致，这是盘点的主要内容。

2. 查质量

检查在库商品质量有无变化，包括：受潮、锈蚀、发霉、干裂、鼠咬，甚至变质情况；检查有无超过保管期限和长期积压现象；检查技术证件是否齐全，是否证物相符；必要时，还要进行技术检验。

3. 查保管条件

检查库房内外储存空间与场所利用是否恰当；储存区域划分是否明确，是否符合作业情况；货架布置是否合理；商品进出是否方便、简单、快速；工作联系是否便利；搬运是否方便；传递距离是否太长；通道是否宽敞；储区标志是否清楚、正确、有无脱落或不明显；有无废弃物堆置区；温湿度是否控制良好。检查堆码是否合理稳固，苫垫是否严密，库房是否漏水，场地是否积水，门窗通风洞是否良好等，即检查保管条件是否与各种商品的保管要求相符合。

4. 查设备

检查各项设备使用和养护是否合理；是否定期保养；储位、货架标志是否清楚明确，有无混乱；储位或货架是否充分利用；检查计量器具和工具，如皮尺、磅秤以及其他自动装置等是否准确，使用与保管是否合理，检查时要用标准件校验。

5. 查安全

检查各种安全措施和消防设备、器材是否符合安全要求；检查使用工具是否齐备、安全；药剂是否有效；商品堆放是否安全，有无倾斜；货架头尾防撞杆有无损坏变形；检查建筑物是否损坏而影响商品储存；对于地震、水灾、台风等自然灾害有无紧急处理对策等。

（五）盘点表

盘点表是仓库工作人员用于记录仓库内货物数量的表格，有些企业又称盘点单。仓库管理员应该根据清点所得出的货物真实数量填写盘点表。盘点表通常包括货物名称、货物编码、产品规格、单位、初盘数量、复盘数量、初盘员、复盘员、盘点日期等信息，如表 4 – 13 所示。

表 4 – 13 　　　　　　　　　　　　盘点表

仓库号：　　　　　　　　　　　　　　　　盘点日期：　　　年　　月　　日

货品编码	货品名称	型号规格	单位	库位	库存数量	备注

制表人：　　　　　　　　　　初盘人：　　　　　　　　　　复盘人：

二、盘点的方法

（1）动态盘点法（又叫永续盘点）是指对有动态变化的商品即发生过收、发的商品，即时核对该批商品的余额是否与账、卡相符的一种盘点方法。动态盘点法有利于及时发现差错和及时处理。

（2）重点盘点法是指对商品进出动态频率高的，或者是易损耗的，或者是昂贵商品的一种盘点方法。

（3）全面盘点法是指对在库商品进行全面的盘点清查的一种方法。通常多用于清仓查库或年终盘点。盘点的工作量大，检查的内容多，把数量盘点，质量检查，安全检查结合在一起进行。

（4）循环盘点法是在每天、每周按顺序一部分一部分地进行盘点，到了月末或期末则每项商品至少完成一次盘点的方法。是指按照商品入库的前后顺序，不论是否发生过进出业务，有计划地循环进行盘点的方法。

（5）定期盘点法，又称期末盘点，是指在期末一起清点所有商品数量的方法。

期末盘点必须关闭仓库做全面性的商品的清点，因此，对商品的核对十分方便和准确，可减少盘点中不少错误，简化存货的日常核算工作。缺点是关闭仓库，停止业务会造成损失，并且动员大批员工从事盘点工作，加大了期末的工作量；不能随时反映存货收入、发出和结存的动态，不便于管理人员掌握情况；容易掩盖存货管理中存在的自然和人为的损失；不能随时结转成本。

采用循环盘点法时，日常业务照常进行，按照顺序每天盘点一部分，所需的时间和人员都比较少，发现差错也可及时分析和修正。其优点是对盘点结果出现的差错，很容易及时查明原因；不用加班，可以节约经费。两者可作以下比较，如表4－14所示。

表4－14   期末盘点与循环盘点的差异比较

盘点方式 比较内容	期末盘点	循环盘点
时间	期末、每年仅数次	日常、每天或每周一次
所需时间	长	短
所需人员	全体动员（或临时雇用）	专门人员
盘点差错情况	多且发现很晚	少且发现很早
对营运的影响	须停止作业数天	无
对商品的管理	平等	A类重要商品：仔细管理 C类不重要商品：稍微管理
盘点差错原因追究	不易	容易

三、盘点程序

（一）盘点前的准备

盘点前的准备工作是否充分，直接关系到盘点作业能否顺利进行，甚至盘点是否成功。盘点的基本要求是必须做到快速准确，为了达到这一基本要求，盘点前的充分准备十分必要，应做的准备工作如下：

（1）确定盘点的具体方法和作业程序；

（2）配合财务会计做好准备；

（3）设计印制盘点用表单；

（4）准备盘点用基本工具。

（二）确定盘点时间

为了保证账物相符，盘点次数越多越好，但盘点需投入人力、物力、财力都很大，有时大型全面盘点还可能引起生产的暂时停顿。为此，合理地确定盘点时间非常重要。事实上，引起盘点结果盈亏的关键原因在于出入库过程中传票的输入和查点数目的错误，或者出入库搬运形成了商品损失。由此可见，出入库越频繁，引起的误差也会越大。

在确定盘点时间时，要根据仓库周转的速度来确定。对于商品流动速度不快，可以半年至一年进行一次盘点。对于商品流动速度较快的仓库，既要防止长期不盘点造成重大经济损失，又要防止盘点频繁造成同样的经济损失。在实际运行中可以根据商品的不同特性、价值大小、流动速度、重要程度来分别确定不同的盘点时间，盘点时间间隔可以每天、每周、每月、每年盘点一次不等。例如，对于A、B、C等级的商品，A类商品就需每天或每周盘点一次，B类商品每两周或三周盘点一次，C类一般每月盘点一次。另外必须注意的问题是，每次盘点持续的时间应尽可能短，全面盘点以2~6天内完成为佳，盘点的日期一般会选择在：

（1）财务决算前夕。通过盘点决算损益，以查清财务状况；

（2）淡季进行。因淡季储货较少，业务不太频繁，盘点较为容易，投入资源较少，且人力调动也较为方便。

（三）确定盘点方法

盘点分为账面盘点及现货盘点两种。账面盘点又称为"永续盘点"就是把每天出入库商品的数量及单价记录在电脑或账簿的"存货账卡"上，并连续地计算汇总出账面上的库存结余数量及库存金额；现货盘点又称为"实地盘点"或"实盘"，也就是实际去库内查清数量，再依商品单价计算出实际库存金额的方法。

（四）盘点人员的培训

大规模的全面盘点必须增派人员协助进行，这些人员通常来自管理部门，主要对盘点过程进行监督，并复核盘点结果，因此必须对他们进行熟悉盘点现场及盘点商品的训练；培训的另一个方面是针对所有盘点人员进行盘点方法及盘点作业流程的训练，必须让盘点作业人员对盘点的基本要领、表格和单据的填写十分清楚，盘点工作才能顺利进行。

（五）清理储存场地

盘点现场即储位管理包括的区域。盘点作业开始之前必须对其进行整理，以提高盘点作业的效率和盘点结果的准确性，清理工作主要包括以下几个方面的内容：

（1）盘点前对以验收入库的商品进行整理归入储位，对未验收入库属于供应商的商品，应区分清楚，避免混淆；

（2）盘点场所关闭前，应提前通知，将需要出库的商品提前做好准备；

（3）账卡、单据、资料均应整理后统一结清；

（4）预先鉴别变质、损坏商品。对储存场所堆码的货物进行整理，特别是对散乱货物进行收集与整理，以方便盘点时计数。在此基础上，由商品保管人员进行预盘，以便提前发现问题并加以预防。

（六）盘点作业

盘点时可以采用人工抄表计数，也可以用电子盘点计数器。盘点工作不仅工作量大，而且非常烦琐，易疲劳。因此，为保证盘点正确性，除了加强盘点前的培训工作外，盘点作业时的指导与监督也非常重要。

1. 任务分工

（1）划分区域：将仓库分成几个区域，并确保各区之间不重合、不留有空白。

（2）人员分配：划分完区域后，应将盘点人员分成几个组，每组负责一个区域。分组时，应该注意将专业人员与非专业人员进行搭配组合，以提高盘点效率。

2. 清点物品数量

盘点人员依据分工，按顺序对负责区域内的物品进行点数。根据库存物品的计量单位不同，应该采用不同的计数方法。

（1）计件物品：以件（箱、捆、包）为单位的物品先清点件数，再换算成计账单位与账、卡核对。此时要特别注意包装容量不同的物品，要分别清点，以免造成盘点错误。

（2）计重物品。对于有标准重量的物品，只要件数相符，即可作为账货相符处理。对于无标准重量的物品或散件物品，原垛未动的，可复核原磅码单，磅码单无误即可做账货相符处理。原垛已动的，存量较大，可进行理论换算，如无较大短缺迹象，暂作账货相符，待出清后按实结算，零头尾数有疑问者应过磅计量，如不超过规定损耗率，做账货相符；如超过规定损耗率，作不符处理。

（3）计尺物品：包装容量一致的计尺物品，以件为单位计数；包装容量不一致的计尺物品，必须逐件核对磅码单。

3. 填写盘点单

仓管员应该根据清点后得出的物品数量，填写盘点记录单。

4. 复盘

在初盘人员清点完物品并填写了盘点单后，复盘人员要对清点结果进行检查，并据实填写盘点记录单。如果复盘数量与初盘不一致，应该由初盘人员与复盘人员进行再次清点，以确定其最终数量。

（七）查清盘点差异的原因

盘点会将一段时间以来积累的作业误差，及其他原因引起的账物不符暴露出来，发现账物不符，而且差异超过容许误差时，应立即追查产生差异的原因，这些原因通常可能来自以下方面：

（1）计账员素质不高，登录数据时发生错登、漏登等情况；

（2）账、物处理系统管理制度和流程不完善，导致数据出错；

（3）盘点时发生漏盘、重盘、错盘现象，盘点结果出现错误；

（4）盘点前数据资料未结请，使账面数不准确；

（5）出入库作业时产生误差；

（6）货物损坏、丢失等原因。

（八）盘点的盈亏处理

1. 上报盘点结果

通过盘点查清仓库的实际库存量后，仓管员应该向上级部门及时报告盘点结果，并请其对盘点中产生的盈亏进行处理。为了使管理部门及时了解库存情况，仓管员应该依据盘点的结果，分析盘点产生差异的原因并制定对策，请上级主管部门就盘点差异的处理方法进行批示。并通过对盘点结果的评估，可以查出作业和管理中存在问题并通过解决问题提高仓储管理水平，以减少仓储损失。"货物盘点汇总表"如表 4 – 15 所示。

表 4 – 15　　　　　　　　　　　货物盘点汇总表

商品名称	单位	盘存资料			盘点实存			数量盈亏				价格增减				差异因素	责任人	备注
		数量	单价	金额	数量	单价	金额	盘盈		盘亏		价增		加减				
								数量	金额	数量	金额	数量	金额	数量	金额			

2. 调整账面存量

根据盘点后的结果，仓管员要办理库存账目、保管卡的更改手续以保证账、物、卡重新相符。

3. 调整库存账目

调整库存账目时，仓管员应该根据盘点结果，在库存账页中将盘亏数量做发出处理，将盘盈数量做收入处理，并在摘要中注明盘盈亏。

4. 调整保管卡

仓管员调整保管卡时，也应该在收发记录中填写数量的变更。

查清原因后，为了通过盘点使账面数与实物数保持一致，需要对盘点盈亏和报废品一并进行调整。除了数量上的盈亏，有些商品还将会通过盘点进行价格的调整，这些差异的处理，可以通过填写商品盘点盈亏调查表和商品盈亏价格调查表，经有关主管审核签认后，登入存货账卡，调查库存账面数量。

任务实施

长风仓储的盘点作业流程如图4-38所示。

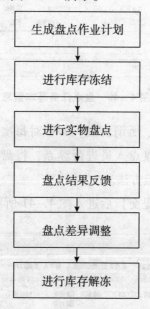

图4-38 长风仓储盘点作业流程

步骤一：生成盘点作业计划

杨朝来接到仓库主管的盘点作业指令后，首先需要在仓储系统中生成盘点作业计划。

杨朝来登录【仓储管理】系统中，选择【盘点管理】进入到盘点作业列表中。如图 4 - 39 所示。

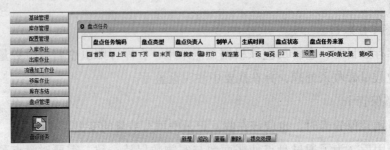

图 4 - 39　新增盘点业务

点击【新增】按钮，新增一个盘点业务，填写盘点的库房、储位负责人等信息，如图 4 - 40 所示。

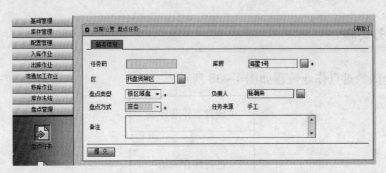

图 4 - 40　盘点任务基本信息

其中盘点方式默认为盲盘。所谓盲盘，即针对每次盘点，信息员打印盘点表，不包括产品数量，交给至少两名盘点人员进行盘点，将盘点数量填写在空白处，盘点后由二人共同签字确认数量的盘点方法。

订单填写无误后，点击【提交】后进入图 4 - 41 所示界面。

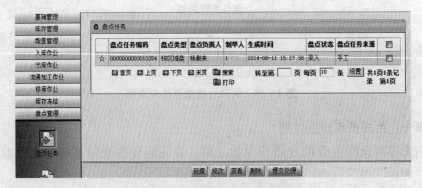

图 4 - 41　盘点任务提交处理界面

勾选该盘点作业单，点击【提交处理】按钮，完成盘点作业计划的操作。

步骤二：进行库存冻结

进入【仓储管理】→【库存冻结】→【新增】一个库存冻结的作业任务，在库存冻结界面中，填选【冻结类型】、【客户码】、【库房】、【货物编码】等信息，如图4-42所示界面。

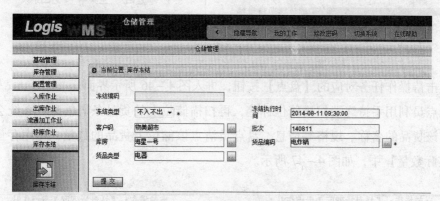

图4-42 库存冻结界面

点击图4-42下方的【提交】按钮，进入图4-43所示界面。

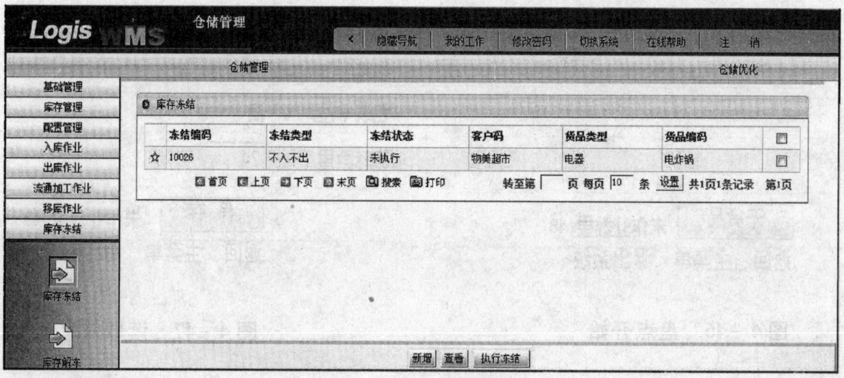

图4-43 执行冻结

点击图4-43下方的【执行冻结】按钮，完成冻结库存操作。

步骤三：进行实物盘点

盘点员杨朝来拿着空白的盘点单和手持终端到达"托盘货架区"根据盘点任务将该区域的货品清点、记录。

进行盘点作业时，利用手持终端将盘点结果反馈至信息系统。杨朝来登录到手持终端，进入图4-44所示界面。

点击【盘点作业】，进入待盘点任务表，进入图4-45所示界面。

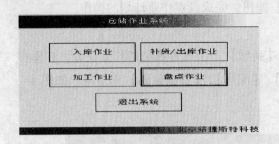
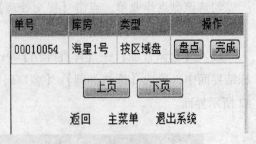

图 4-44　盘点手持开始页面　　　　　　图 4-45　待盘页面

点击待操作任务对应的【盘点】按钮，进入图 4-46 所示界面。

盘点员利用手持终端扫描储位标签，再扫描储位上的货品条码信息，系统会自动显示出该货品的名称、规格等信息，盘点员清点该储位上货品的数量，将库存量填写到【实际数量】中，如图 4-47 所示。

图 4-46　盘点开始　　　　　　　　　图 4-47　读取信息

该货品盘点完毕后点击【保存】。在作业界面中，会显示该盘点作业的任务量，每当完成一个储位的货品盘点后，盘点作业量也会相应减少一个。

重复上述盘点操作，进行其他货位的盘点。如果在某一个货位上没有任何货品，则扫描该储位标签后，直接点击【无货品】即可，如图 4-48 所示。

待该盘点任务全部完成后，手持终端系统会提示无待盘点货品，如图 4-49 所示。

对于盘点过程中存在次品的情况，仓管员需要在空白盘点单上作备注，填写好正品、次品的数量，便于后续盘点反馈处理。盘点员将盘点后的结果反馈到仓储管理系统中，进行盘点反馈及盈亏处理。

当前操作：【托盘货架区】盘点作业

储位标签	A00002
货品条码	
货品名称	-
规格	-
包装单位	-
实际数量	

【无货品】　未作业数量：40

返回　主菜单　退出系统

图 4 - 48　无货品盘点界面

当前操作：【托盘货架区】盘点作业

储位标签	
货品条码	
货品名称	-
规格	-
包装单位	-
实际数量	

【无货品】　无待盘点的货品

返回　主菜单　退出系统

图 4 - 49　无待盘点的货品

步骤四：盘点结果反馈

登录到【仓储管理】系统中，在左侧任务栏中，选择进入【盘点作业】，进入到盘点作业列表，如图 4 - 50 所示。

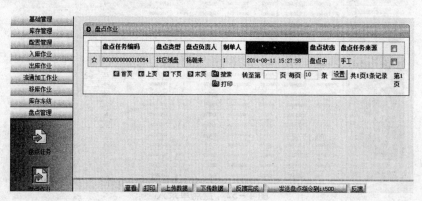

图 4 - 50　盘点作业反馈

点击作业列表下方的【反馈】按钮，进入图 4 - 51 所示的界面。

在图 4 - 51 中右侧"实际数量"即为盘点员在仓库中盲盘得到的实际货品数量，即通过手持终端传递回来的盘点数量。盘点员根据"盘点单"填写正品、次品的数量如图 4 - 52 所示。

实盘数据反馈完毕后，点击【反馈完成】按钮，如图 4 - 53 所示界面。

步骤五：盘点差异调整

杨朝来将盘点的实际情况反馈到【仓储管理】系统后，仓管员会对盘点结果进行查看，针对存在差异的盘点结果进行复查、核实，最后对差异情况进行调整，以调整库存情况。

图 4 - 51　盘点单

图 4 - 52　盘点单录入

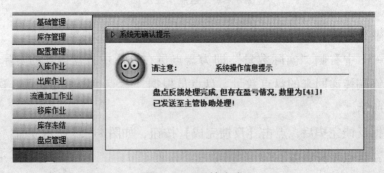

图 4 - 53　反馈完成

杨朝来登录到【仓储管理】系统，在【盘点管理】作业任务下选择【盘点调整】，如图 4 - 54 所示。

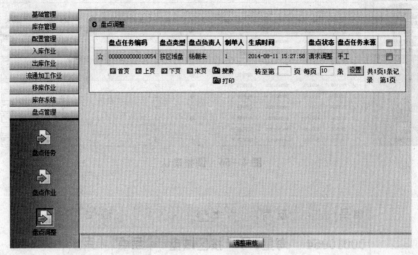

图 4 - 54　调整审核

点击【调整审核】按钮，进入图 4 - 55 所示界面。

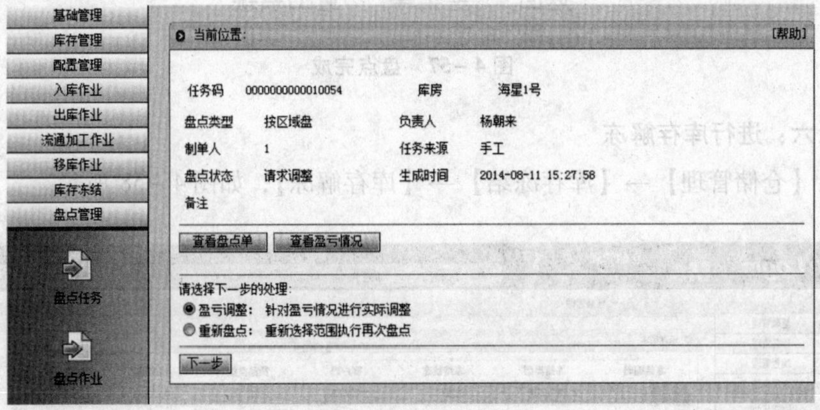

图 4 - 55　盈亏调整

根据实盘数量对系统库存进行盈亏调整。

在图 4 - 55 中，选择盈亏调整选项，然后点击【下一步】按钮，进入图 4 - 56 所示界面。（备注：如果盘点结果与库存情况存在比较大的差异情况，需要再派另外一名盘点员进行二次复盘，这时就需要选择"重新盘点"）

在图 4 - 56 中，调整类型选择为"正次"，然后点击【调整确认】按钮，完成盘点差异调整。

待差异调整完毕后，杨朝来可以登录到手持终端，进入到盘点作业列表中，点击【完成】，如图 4 - 57 所示。

图 4 – 56　调整确认

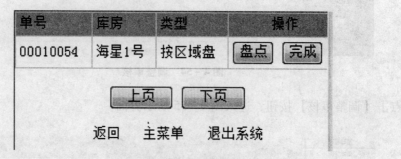

图 4 – 57　盘点完成

步骤六：进行库存解冻

进入【仓储管理】→【库存冻结】→【库存解冻】，如图 4 – 58 所示。

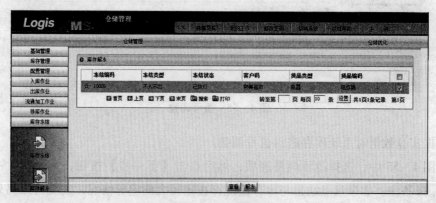

图 4 – 58　库存解冻

在图 4 – 58 中，勾选物品编码为"电炸锅"的记录，然后点击下方的【解冻】按钮，完成库存解冻操作，至此，物美超市电器类货品的盘点操作完成。

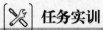
任务评价

表 4 – 16　　　　　　　　　　　结果评价考核

步骤	序号	考核标准	分值（分）	扣分
步骤一：生成盘点作业计划	1	能够利用仓储系统生成盘点作业计划	20	
步骤二：进行库存冻结	2	能够利用仓储系统完成库存冻结作业	10	
步骤三：进行实物盘点	3	能够利用手持终端完成货物的盘点作业	20	
步骤四：盘点结果反馈	4	能够利用仓储系统完成实物盘点作业的反馈	20	
步骤五：盘点差异调整	5	能够利用仓储系统完成盘点差异的调整任务	20	
步骤六：进行库存解冻	6	能够利用仓储系统完成库存解冻作业	10	
合计			100	

任务实训

表 4 – 17 是某小家电仓库的进出库明细表，请完成盘点结果的录入。

表 4 – 17　　　　　　　　　　某小家电仓库进出库明细

商品名称	单价	入库数量	金额（元）	出库数量	盘点结果
咖啡机	250	200	50000	163	
电熨斗	130	400	52000	254	
液晶屏	600	100	60000	50	
除湿机	300	400	120000	250	
豆浆机	160	600	96000	345	
吹风机	80	700	56000	543	
榨汁机	60	600	36000	500	

🧑 知识考核

（一）单选题

1. 下图是托盘货架区的盘点作业流程，这其中采用的盘点方法是（ ）。

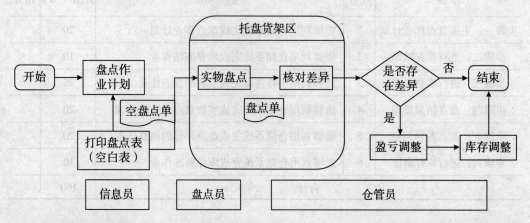

A. 账面盘点法

B. 实物盘点法

C. 临时盘点法

D. 重点盘点法

参考答案：B

2. 下图是立库区的盘点作业流程，这其中采用的盘点方法是（ ）。

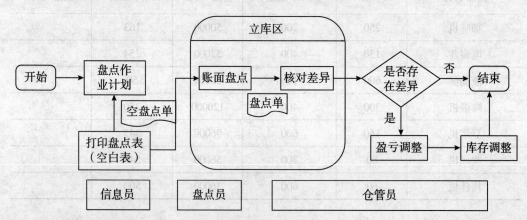

A. 账面盘点法

B. 实物盘点法

C. 临时盘点法

D. 重点盘点法

参考答案：A

（二）多选题

1. 下图是仓管员对仓库货品进行盘点作业，下列关于盘点作业的概念理解正确的是（　　）。

A. 盘点就是定期或不定期地对库内的商品进行全部或部分的清点，以确实掌握该期间内的经营业绩，并因此加以改善，加强管理

B. 企业要想知道是盈或是亏，光靠每天的报表，每天的业绩，是无法准确知道的，目前的唯一办法就是盘点

C. 盘点作业主要是为了有效地控制商品质量，而对各个存储场所进行货品保管条件的清查作业

D. 仓储系统的物资盘点是指在一定的时间段内对仓库的所有物资进行实地的清查，以确保物品储备的现状以及账存数量或者价值等相符

参考答案：ABD

2. 下列关于盘点一般作业流程说法正确的是（　　）。

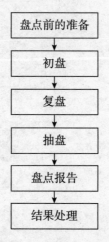

盘点前的准备

↓

初盘

↓

复盘

↓

抽盘

↓

盘点报告

↓

结果处理

A. 初盘：仓储人员按照盘点计划，对仓库内的物资进行第一次盘点，并填制相关的表单，以便与复盘进行对比

B. 复盘：按照预定的时间和盘点计划安排，由不同的人员对仓库责任区的货物进行复盘，并填制相关的表单

C. 抽盘：根据初盘与复盘的盘点情况，按照一定的比例对物料进行重新盘查，确保盘点的可靠性

D. 盘点报告：编写盘点报告，查找物资盈亏的原因，并进行分析，制作盘点分析报表

参考答案：ABD

3. 下图是仓库盘点完毕后的操作流程，下列选项中关于盘点结束工作的说法正确的是（ ）。

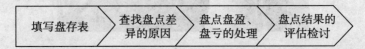

A. 通过盘点发现账物不符，而且差异超过容许误差时，应立即追查产生差异的主要原因

B. 差异原因查明后，应针对主要原因进行适当的调整与处理，至于呆滞品、废品、不良品减价的部分需与盘亏一并处理

C. 通过盘点查明盈亏的原因，发现作业与管理中存在的问题，并通过解决问题来改善作业流程和作业方式，提高人员素质和企业的管理水平

D. 通过对盘点结果的评估，可以查出作业和管理中存在问题并通过解决问题提高仓储管理水平，以减少仓储损失

参考答案：ABCD

模块五　出库作业

任务一　货物出库信息处理

任务目标

1. 了解出库信息处理的内容；
2. 熟悉出库作业类型及要求；
3. 能够完成出库信息处理。

任务描述

2014 年 8 月 9 日—2014 年 8 月 10 日，物美超市为了迎接超市 5 周年店庆，超市正在搞店庆大促销活动。2014 年 8 月 10 日上午，长风仓储配送中心仓管员李宁收到客户物美超市发来的邮件，需要长风仓储配送中心今天下午 2：00 将 28 箱电炸锅进行出库。出库通知单具体信息如表 5 - 1 所示。

表 5 - 1　　　　　　　　　　　出库通知单

出库通知单

长风仓储配送中心		2014 年 8 月 10 日	
批次		140810	
采购订单号		20140810007	
客户指令号	20140810007	订单来源	E-mail
客户名称	物美超市	质　　量	正品
客户地址	贵阳市南明区见龙路 5 号	客户电话	0851 - 82570316
出库库方式	送货	入库类型	正常

续　表

序号	条码	名称	单位	规格 （mm×mm×mm）	申请 数量	实收 数量	备注
1	694133400019	电炸锅	箱	480×320×200	28		
合　　　　计							

　　长风仓储配送中心仓管员李宁接到通知后，将《出库通知单》交于信息员王瑞，要求其根据客户的要求完成此批货物的出库订单处理操作。王瑞该如何完成此次出库订单的信息处理任务呢？

 任务资讯

一、出库介绍

　　出库业务，是仓库根据业务部门或存货单位开出的货物出库凭证（出库单、提货单、调拨单），按其所列货物编号、名称、规格、型号、数量等项目，组织货物出库一系列工作的总称。货物出库依据货主开的"货物调拨通知单"进行。不论在任何情况下，仓库都不得擅自动用、变相动用或外借货主的库存货物。"货物调拨通知单"的格式不尽相同，不论采用何种形式，都必须是符合财务制度要求的有法律效力的凭证。

（一）出库类型

　　出库的类型一般分为送货、自提、过户、取样、转仓五类，具体说明如表 5 - 2 所示。

表 5 - 2　　　　　　　　　　　　　　　出库类型

出库类型	出库方式
送货	仓库根据货主单位预先送来的"出库通知单"，通过发货作业，把应发货物交由运输部门送达收货单位，这种发货形式就是通常所说的送货制
自提	由收货人或其代理持"货物调拨通知单"直接到库提取，仓库凭单发货，这种发货形式就是仓库通常所说的提货制。它具有"提单到库、随到随发、自提自运"的特点。为划清交接责任，仓库发货人与提货在仓库现场，对出库货物当面交接清楚并办理签收手续

续 表

出库类型	出库方式
过户	过户是一种就地划拨的形式，货物虽未出库，但是所有权已从原存货户转移到新存货户。仓库必须根据原存货单位开出的正式过户凭证，才予以办理过户手续
取样	货主单位出于对货物质量检验、样品陈列等需要，到仓库提取货样。仓库也必须根据正式取样凭证才予以发放样品，并做好账务记录
转仓	货主单位为了业务方便或改变储存条件，需要将某批库存货物自甲库转移到乙库，这就是转仓的发货形式。仓库也必须根据货主单位开出的正式转仓单，才予以办理转仓手续

（二）出库要求

货物出库要做到"三不三核五检查"，如表5－3所示。

表5－3　　　　　　　　　　　　货物出库要求

要求	说明
"三不"	1. 未接单据不翻账
	2. 未经审核不备货
	3. 未经复核不出库
"三核"	1. 核实凭证
	2. 核对账卡
	3. 核对实物
"五检查"	1. 品名检查
	2. 规格检查
	3. 包装检查
	4. 件数检查
	5. 重量检查

二、出库信息处理

（一）常见的客户订货通知的获取方式

（1）面对面交流获取：物流人员上门获取订单或客户上门发出提货通知。

（2）电子传输：客户采用电子传输方式，如 Word 文档，E-mail。

（3）电话：客户直接打电话给企业，企业专员进行记录并录入系统。

（4）传真：客户将缺货资料整理成书面资料，利用传真机传给厂商。

（5）电子订货方式：将订货资料转为电子资料形式，再由通信网路传送。

（二）货物出库订单处理过程

客户一般以电话、E-mail、传真等形式发出提货通知，信息员接到客户的提货通知单后，要记录好货物信息、出库时间以及提货方式并仔细、认真地将信息录入系统。因为这些信息非常重要，所以要进行审查。审查无误后生成作业计划，接着确认计划生成，然后将生成的作业计划转换成提货通知单交给仓管员，仓管员根据提货通知单上的货物信息将货物备好，然后向客户发出取货通知书通知客户取货（如图 5 - 1 所示）。

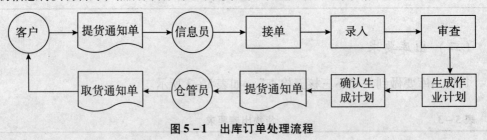

图 5 - 1　出库订单处理流程

（1）接单：接单员要对客户有礼貌，而且要特别细心，认真记录和核实客户的提货要求，对有不明白或不理解的地方要及时询问客户。

（2）录入：将客户的提货信息准确地录入系统。

（3）审查：审查录入的信息是否正确，审查存货情况是否能满足客户需求，并且核对客户的《入库单》与《提货通知单》的项目是否有出入。

（4）生成作业计划：审查无误后，生成出库作业计划。

（5）确认生成作业计划：再次确认作业计划的生成，不能因为失误而影响到客户的取货。

（6）通知客户提货：生成了作业计划，仓管员就要通知客户按时取货，然后进行出库作业准备。

✂ 任务实施

长风仓储配送中心的出库订单处理流程图如图 5 - 2 所示。

步骤一：新增出库订单

通过 IE 输入指定网址，登录络捷斯特物流教学管理平台，如图 5 - 3 所示。

点击上图的【第三方物流】，进入物流教学系统综合业务平台，如图 5 - 4 所示。

在订单管理系统下的【订单管理】→【订单录入】→【出库订单】中，进入如图 5 - 5 所示。

```
┌─────────────────┐          ┌─────────────────┐
│  接收出库通知单   │─────────→│   新增出库订单    │
│    （客户）       │          │ （信息处理员王瑞） │
└─────────────────┘          └─────────────────┘
                                      │
                                      ↓
                             ┌─────────────────┐
                             │   生成作业计划    │
                             │ （信息处理员王瑞） │
                             └─────────────────┘
                                      │
                                      ↓
                             ┌─────────────────┐
                             │    打印出库单     │
                             │ （信息处理员王瑞） │
                             └─────────────────┘
```

图 5 - 2 入库订单处理流程

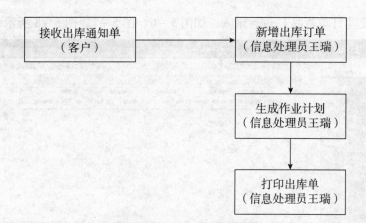

图 5 - 3 络捷斯特物流教学管理平台

图 5 - 4 物流教学综合业务平台

点击图 5 - 5 中的【新增】，进入出库订单录入界面。分别对【订单信息】、【订单出库信息】及【订单货品】进行录入,如图5-6、图5-7、图5-8所示。

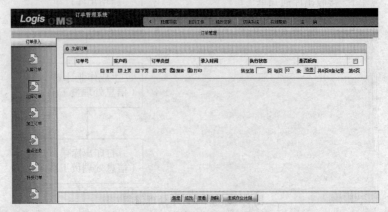

图5-5　新增入库订单界面

图5-6　订单信息

图5-7　订单出库信息

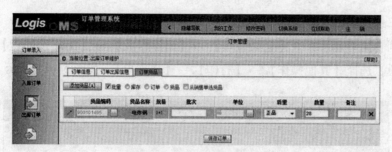

图 5-8　订单货品

物品添加完毕后，点击【保存订单】，即出库订单录入完毕。

步骤二：生成出库作业计划

选中刚才新增的订单，勾选已录入完毕的订单，如图 5-9 所示。

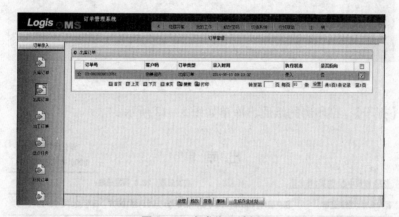

图 5-9　生成作业计划

单击图 5-9 中的【生成作业计划】，进入如图 5-10 所示界面。

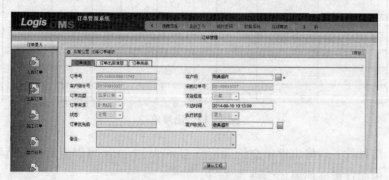

图 5-10　确认生成作业计划

点击图 5-10 中的【确认生成】，即出库订单生成作业计划操作完毕。

步骤三：打印出库单

切换到仓储管理系统中【仓储管理】→【出库作业】→【出库预处理】下，选中刚才的订单，选择【其他操作】→【打印】→【出库单】，如图 5 – 11 所示。

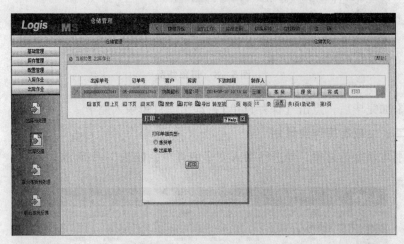

图 5 – 11　打印入库单界面

单击【打印】，打印出的纸质出库单如图 5 – 12 所示。

出　库　单

作业计划单号
0000000000023141

长风配货中心 海星1号仓库　　　　　　　应发总数: 28.0　实发总数:

客户名称: 物美超市　　**客户编号:**WM0101518　**客户指令号:** 20140810007　**日期:**2014-08-10

产品名称	条形码	规格	单位	应发数量	实发数量	货位号	批号	备注
电炸锅	6941334400019	1*1	箱		28		140810	

图 5 – 12　出库单

此时，信息员王瑞将出库单交给理货员王宇即可，王宇可以组织准备货物出库。至此，出库订单处理操作完成。

🔧 任务评价

表 5-4 结果评价考核

步骤	序号	考核标准	分值（分）	扣分
步骤一：新增出库订单	1	能够利用仓储系统新增出库订单	40	
步骤二：生成出库订单作业	2	能够利用仓储系统生成出库订单作业	30	
步骤三：打印出库单	3	能够利用仓储系统打印出库单	30	
合计			100	

🔧 任务实训

请完成任务描述中的出库信息处理。

👤 知识考核

多选题

1. 出库通知传递的方式有（ ）。

A. 仓库管理系统

B. 电话

C. 邮件

D. 传真

参考答案：ABCD

2. 出库信息处理注意事项有（ ）。

A. 认真审核"出库通知单"出库日期、货物名称、货物型号、数量等信息

B. 在系统中录入客户、库房、收货人等信息时要注意与单据一一对应，以免出错

C. 坚持根据客户出库通知下达要求进行出库，坚持有通知才有出库

D. 货物出库要做到"三不三核五检查"

参考答案：ABC

任务二　货物出库作业

任务目标

1. 了解货物出库作业流程；
2. 了解出库理货所需设备；
3. 能够完成出库信息处理。

任务描述

2014 年 8 月 10 日上午，长风仓储配送中心海星 1 号库的信息员王瑞已经将物美超市需要出库的电炸锅的出库订单信息处理完毕，并打印好了出库单并交给了理货员龙强。客户物美超市将从长风仓储配送中心自提 28 箱电炸锅。龙强根据客户要求及出库单内容，需要利用手持终端、叉车等设备完成 28 箱电炸锅的拣货下架作业，并将拣选完成的货物从托盘货架交接区搬运至发货理货区，最终核对信息，完成出库理货。货物基础信息如表 5 - 5 所示。

表 5 - 5　　　　　　　　　　　出库理货货物信息

序号	货物信息			
	货物名称	数量（箱）	包装箱规格（mm×mm×mm）	层高标识（层）
1	电炸锅	28	480×320×200	4

龙强该如何完成此批货物的出库理货操作呢？

任务资讯

一、货物出库流程

出库作业流程如图 5 - 13 所示。

（一）提货

客户持"入库单"要求提货。

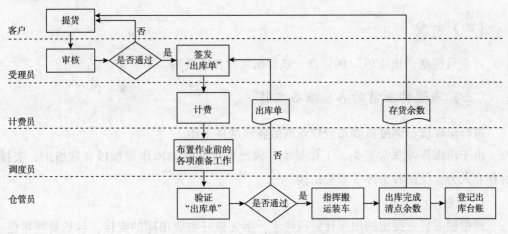

图 5 - 13 货物出库作业流程

（二）审核

受理员审核"入库单"是否为本企业所签发，如果审核通过，则签发"出库单"，否则将"入库单"返还给客户。

（三）签发"出库单"

常见的"出库单"如表 5 - 6 所示。

表 5 - 6　　　　　　　　　　　　　　　　出库单

编号：		科目：				年　月　日							
编号	品名	规格	单位	数量	单价	金额							备注
						十万	万	千	百	十	元	角	分	
合计（金额大写）：													

主管：　　　　　　　　会计：　　　　　　　　保管员：
备注：第一联存根，第二联出库，第三联记账

"出库单"的填写与"入库单"相似，要按照实际情况填写。

"出库单"第一联留给受理员存根，第二联交给客户留存，作为货物出库的凭证，第三联交由计费员保管，方便计费员结算费用。

（四）计费

计费员根据"出库单"的信息，核算出货物各项费用。

（五）布置作业前的各项准备工作

进行出库前，调度员要布置作业前的各项准备工作。

由于出库作业非常复杂，工作量大，因此要事先对出库作业加以合理组织，安排好作业人力，保证各个环节紧密衔接。

1. 计划工作

即根据需货方提出的出库计划或要求，事先做好物资出库的安排，包括货场货位、机械搬运设备、工具和作业人员等的计划、组织，提高人、财、物的利用率。

2. 做好出库物品的包装和标志标记

出库发运外地的货物，包装要符合运输部门的规定，便于搬运装卸。出库货物大多数是原件分发的，由于经过运输，多次中转装卸、堆码及翻仓倒垛或拆件验收，部分物品包装不能再适应运输的要求，所以，仓库必须根据情况整理加固或改换包装。

3. 事先准备一定数量和不同品种的物品

对于经常需要拆件发零的货物，应事先准备一定数量和不同品种的物品，发货出库后，要及时补充，避免临时再拆整取零，延缓交货。拼箱物品一般要做好挑选、分类等准备工作。有的物品可以根据要求事先进行分装。

4. 事先准备材料和工具

对于有装箱、拼箱、改装等业务的仓库，在发货前应根据物品的性质和运输部门的要求，准备各种包装材料及相应衬垫物。还要准备刷写包装标志的用具、标签、颜料及钉箱、扩仓的工具用品等。

5. 场所及设备的准备

出库货物从办理托运到出库的过程中，需要安排一定的仓库或站台等作为理货场所，需要调配必要的装卸机具。提前集中要出库的物品，应按物品运输流向分堆，以便于运输人员提货发运，及时装好物品，加快发货速度。

（六）验证"出库单"

仓管员验证"出库单"是否有公司的印章，若是，则组织出库作业，若不是，返回给受理员。

（七）指挥搬运装车

仓管员验证"出库单"无误后，指挥叉车司机、装卸工人等进行搬运装车。

（八）出库完成，清点余数

出库作业完成，仓管员还要清点货物剩余数量，然后将情况反馈给客户。

（九）登记出库台账

清点完毕，仓管员根据"出库单"登记出库台账，以方便日后的管理。

二、出库理货所需设备

（一）手持终端

手持终端是指具有以下几种特性的便于携带的数据处理终端。

1. 具有数据存储及计算能力
2. 可进行二次开发
3. 能与其他设备进行数据通信
4. 有人机界面，具体而言要有显示和输入功能
5. 电池供电

按以上定义，手持终端常见的有 PDA、手机、智能手机、条码数据采集器、手持 IC 卡数据终端、手持指纹采集终端、抄表机等。

（二）叉车

叉车是一种用来装卸、搬运和堆码单元物品的车辆，是仓库装卸搬运机械中应用最广泛的一种设备，具有选用性强，机动灵活，效率高的优点。叉车有自由的轮胎底盘、能垂直升降的货叉和前后倾斜的门架等组成。它不仅可以将物品叉起进行水平运输还可以将物品提升进行垂直堆码。

三、货物出库中发现问题的处理

在商品出库时，若发现有问题，应及时进行处理。

（一）出库凭证（提货单）上问题及处理

（1）凡是出库凭证超过提货期限，用户前来提货，必须办理手续，按规定缴足逾期仓储报关费，方可发货。

（2）凡是发现出库凭证有疑点，或者情况不清楚，以及出库凭证发现有冒假、复制、涂改等情况时，应及时与仓库保卫部门以及出具出库单的单位或部门联系，妥善

处理。

（3）商品入库未验收，或者所需货物未入库的出库凭证，一般暂缓发货，并通知货主，待验收入库后再发货，提前期顺延。

（4）如果客户因各种原因将出库凭证遗失，客户应及时与仓库发货员和账务人员联系挂失；如果挂失时货已经被提走，保管员不承担责任，但要协助货主单位找回商品；如果货还没有提走，经保管人员和账务人员查实后，做好挂失登记，将原凭证作废，延缓发货。

（二）提货数与实存数不符

若出现提货数与商品实存数不符的情况，一般是实存数小于提货数。当遇到提货数量大于实际商品库存数量时，无论是何种原因造成的，都需要和仓库主管部门以及货主单位及时取得联系后再处理。

（三）串发货和错发货

所谓串发货和错发货主要是发货人在对商品种类规格不是很熟悉的情况下，或由于工作中的疏忽，把错误规格、数量的商品发出库的情况。在这种情况下，如果商品尚未离库，应立即组织人力，重新发货。如果商品已经提出仓库，应会同货主单位和运输单位共同协商解决。一般在无直接经济损失的情况下，由货主单位重新按实际发货数充单（票）解决。如果形成直接经济损失，应按赔偿损失单据冲转调整保管账。

（四）包装破漏

包装破漏是指在发货过程中，因商品外包装破散、损坏等现象引起的商品渗漏、裸露等问题。这种问题主要是在储存过程中因堆垛挤压、发货装卸操作不慎等情况引起的，发货时都应经过整理或更换包装，方可出库，否则造成的损失由仓储部门承担。

（五）漏记和错记账

漏记账是指在商品出库作业中，由于没有及时核销商品明细而造成账面数量大于或小于实存数的现象。错记账是指在商品出库后核销明细账时没有按实际发货出库的商品名称、数量登记，从而造成账实不符的情况。无论是漏记账还是错记账，一经发现，除及时向有关领导如实汇报情况外，同时还应该根据原出库凭证查明原因调整保管账，使之与实际库存保持一致。如果漏记和错记账给货主单位、运输单位和仓储单位造成经济损失，应予以赔偿，同时追究相关人员的责任。

🛠 **任务实施**

长风仓储配送中心的入库理货处理流程图如图5-14所示。

图5-14 出库库理货操作流程

步骤一：出库理货开始

龙强以理货员的身份接到出库理货通知后，利用手持终端启动出库作业任务。使用用户名和密码登录手持终端系统，其中库房名称选择海星1号，如图5-15所示。

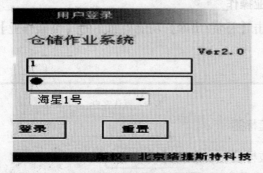

图5-15 手持终端用户登录

进入其应用操作主功能界面，如图5-16所示。

图5-16 仓储作业界面

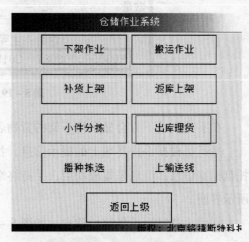

图5-17 出库作业功能界面

点击【补货/出库作业】，进入出库作业功能界面，如图 5 – 17 所示。

点击【出库理货】，进入到待理货作业任务栏中，如图 5 – 18 所示。

单号	收货人	理货	操作
0000000000023141	物美超市	理	开始

上页　下页

返回　主菜单　退出系统

图 5 – 18　出库理货开始

点击【开始】，启动出库理货作业。点击开始后，系统会将【开始】按钮变成【完成】。表明该业务已经开始启动。

【注意】：此时不可以点击【完成】否则就无法进行后续的作业任务。

步骤二：下架作业操作

点击主菜单，点击【补货/出库】功能界面下的【下架作业】，进入如图 5 – 19 所示界面。

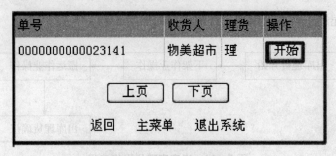

当前操作：出库拣货
客户：默认客户

托盘标签	
储位标签	–
货品名称	
规格	–
数量	–

返回　主菜单　退出系统

8000000000087　C01076-A00105　电炸锅 28

图 5 – 19　出库下架

在手持终端下方会显示待下架的货物名称、下架数量、存放储位和托盘标签信息。

搬运员根据手持终端上的提示信息，找到 A00105 储位，利用手持终端采集储位上托盘标签信息，信息采集成功后，手持终端系统将自动显示默认拣货数量，如图 5 – 20 所示界面。

利用手持终端采集储位信息，如图 5 – 21 所示。

```
                    当前操作：出库拣货
                    客户：默认客户

托盘标签    8000000000087

储位标签    C01076-              A00105

货品名称    电炸锅

规格        1×1

数量        28  28            确认下架

           返回   主菜单   退出系统
    8000000000087   C01076-A00105   电炸锅 28
```

图 5-20　托盘扫描

图 5-21　手持下架扫描

```
                    当前操作：出库拣货
                    客户：默认客户

托盘标签    8000000000087

储位标签    C01076- A00105      A00105

货品名称    电炸锅

规格        1×1

数量        28  28            确认下架

        返回   主菜单   退出系统
  8000000000087   C01076-A00105   电炸锅 28
```

图 5-22　手持下架操作

确认下架数量，核对无误后，点击【确认下架】，如图 5-22 所示。

待手持终端下方没有操作提示信息，表示当前出库下架作业已经确认，如图 5-23 所示。

```
                当前操作：出库拣货
                客户：默认客户

托盘标签    |

储位标签    -

货品名称    -

规格        -

数量        - -

        返回   主菜单   退出系统
```

图 5-23　出库下架完成

图 5-24　下架操作

利用叉车将托盘作业的货物从指定的货位下架,如图 5 – 24 所示。

下架完成后,使用叉车将货物搬运至托盘货架交接区,并将其放回设备暂存区。

步骤三:搬运作业操作

下架后货物需要从托盘货架的交接区搬运至出库理货区,进行出库理货清点。搬运员需要通过手持终端读取搬运信息,进入到【补货/出库】功能界面,点击【搬运作业】,进入如图 5 – 25 所示界面。

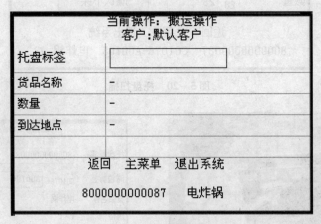

图 5 – 25　搬运操作界面

手持终端的下方会自动提示出需要进行搬运作业的货品名称、托盘信息。利用手持终端采集托盘标签信息,如图 5 – 26 所示。

信息采集成功后,手持终端系统自动提示待搬运的货品名称、货品数量及目标地点等信息,如图 5 – 27 所示,点击【确认搬运】。

图 5 – 26　采集托盘信息

图 5 – 27　确认搬运

从设备暂存区将电动搬运车取出。利用电动搬运车将一托盘电炸锅从托盘货架交接区搬运至出库理货区。

步骤四：出库理货确认

搬运员将一托盘货物放置到出库理货区后，根据手持终端的出库理货提示开始进行出库理货确认。登录到手持终端出库作业界面，点击【出库理货】，进入如图 5 – 28 所示界面。

图 5 – 28　理货

点击【理】，进行出库理货清点，进入如图 5 – 29 所示界面。

点击待理货的托盘标签号，此时手持终端系统自动显示默认理货数量，如图 5 – 30 所示。

当前操作：出库理货	
货品名称	–
规格	–
批号	–
当前出量 [　　] 总出量：	保存结果
本出库单已理货：0托盘	
返回　主菜单　退出	
8000000000087　电炸锅 28箱	

图 5 – 29　出库理货

当前操作：出库理货	
货品名称	电炸锅
规格	1×1
批号	–
当前出量 [28] 总出量：28	保存结果
本出库单已理货：0托盘	
返回　主菜单　退出	
8000000000087　电炸锅 28箱	

图 5 – 30　理货确认

仓管员清点托盘上的货品数量，核对出库理货的数量，确认理货数量正确无误后，点击【保存结果】，操作界面下方会提示已理货操作完成的信息。

点击【返回】回到出库理货界面，如图 5 – 31 所示，点击【完成】确定完成出库理货作业。

至此，理货作业完成，等待出库交接。

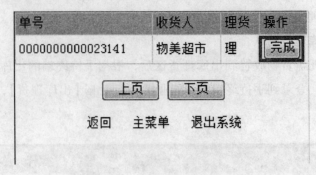

图 5 – 31　出库理货完成确认

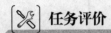 **任务评价**

表 5 – 7　　　　　　　　　　　　结果评价考核

步骤	序号	考核标准	分值（分）	扣分
步骤一：出库理货开始	1	能够利用手持终端启动出库作业任务	20	
步骤二：下架作业操作	2	能够利用叉车将货物从指定的货位下架	30	
步骤三：搬运作业操作	3	能够利用叉车将货物搬运至出库理货区	30	
步骤四：出库理货确认	4	能够利用手持终端进行出库理货确认	20	
合计			100	

任务实训

　　学生 5 ~ 6 人为一组进行货物出库作业的实训比赛，每组选出一名组长。

　　比赛内容：①叉车、托盘的操作规范；②出库作业的组织能力③团队协作能力。

　　比赛规则：①老师给组长安排出库作业内容；②组长用 2 分钟跟组员商量出库作业工作安排；③老师吹哨，学生要在 10 分钟之内分工完成出库作业；④在其他同学进行出库作业时，组长对各组同学的表现情况打分（操作规范、团结协作能力等）；⑤比赛结束，组长对各组的最终作业完成情况打分（完成率，货物完好率等）；⑥总分 = 过程分 × 60% + 结果分 × 40%，最终得分取各组长的平均分。

知识考核

多选题

1. 下列商品不经仓库主管不允许出库：（　　）以及未进行检查验收、无技术证件和不允许使用的商品。

A. 质量不合格

B. 规格不符

C. 缺件不配套

D. 包装不牢

参考答案：ABCD

2. 商品出库方式有（　　）。

A. 托运

B. 提货

C. 取样

D. 移仓

参考答案：ABCD

3. 出库时能实现先进先出的货架是（　　）。

A. 托盘货架

B. 阁楼式货架

C. 悬臂式货架

D. 重力式货架

参考答案：ABD

模块六 退货作业

任务一 退货验收

⊙ 任务目标

1. 把握货物退货标准；
2. 了解退货的操作；
3. 了解退货的流程。

✎ 任务描述

长风仓储中心的送货员小王给 B 超市送货，在进行货物交接时，有两箱矿泉水客户未订购，客户拒绝签收，要求退货。如果你是小王，要如何完成退货物品的验收工作？

⊕ 任务资讯

一、退货的标准

货物退货是指仓库按订单或合同将货物发出后，由于某种原因，客户将商品退回仓库。通常发生退货或换货的原因主要有：

（一）协议退货

与仓库订有特别协议的季节性商品、试销商品、代销商品等，协议期满后，剩余商品仓库给予退回。

（二）有质量问题的退货

对于不符合质量要求的商品，接收单位提出退货，仓库也将给予退换。

（三）搬运途中损坏退货

商品在搬运过程中造成产品包装破损或污染，仓库将给予退回。

（四）商品过期退回

食品及有保质期的商品在送达接收单位时或销售过程中超过商品的有效保质期，仓库予以退回。

（五）商品送错退回

送达客户的商品不是订单所要求的商品，如商品条码、品项、规格、重量、数量等与订单不符，都必须退回。

商品退货的原则：责任原则；费用原则；条件原则；凭证原则；计价原则。

二、退货的操作

当客户要求退货时，仓管员对货物进行核查，若货物的损坏是本公司造成，则应该接受退货。

（一）退货核查

客户要求退货后，要及时核查货物损坏的原因，如果符合退货要求，则安排退货。

（二）接受退货

受理员要安抚客户，并向客户赔礼道歉，表明同意退货，并处理退货。

（三）责任追究

追究责任人的责任，避免此类现象的再次发生。

三、退货的流程

（一）接受退货

仓库接受退货要有规范的程序与标准，如什么样的货品可以退，由哪个部门来决定，信息如何传递等。

仓库的业务部门接到客户传来的退货信息后，要尽快将退货信息传递给相关部门，运输部门安排取回货品的时间和路线，仓库人员做好接收准备，质量管理部门人员确认退货的原因。一般情况下，退货由送货车带回，直接入库。批量较大的退货，要经过审批程序。

（二）重新入库

对于客户退回的商品，仓库的业务部门要进行初步的审核。由于质量原因产生的退货，要放在为堆放不良品而准备的区域，以免和正常商品混淆。退货商品要进行严格的重新入库登记，及时输入企业的信息系统，核销客户应收账款，并通知商品的供应商退货信息。

（三）财务结算

退货发生后，给整个供应系统造成的影响是非常大的，如对客户端的影响、仓库在退货过程中发生的各种费用、商品供应商要承担相应货品的成本等。

如果客户已经支付了商品费用，财务要将相应的费用退给客户。同时，由于销货和退货的时间不同，同一货物价格可能出现差异，同质不同价、同款不同价的问题时有发生，故仓库的财务部门在退货发生时要进行退回商品货款的估价，将退货商品的数量、销货时的商品单价以及退货时的商品单价信息输入企业的信息系统，并依据销货退回单办理扣款业务。

（四）跟踪处理

退货发生时，要跟踪处理客户提出的意见，要统计退货发生的各种费用，要通知供应商退货的原因并退回生产地或履行销毁程序。退货发生后，首先要处理客户端提出的意见。由于退货所产生的商品短缺、对质量不满意等客户端的问题是业务部门要重点解决的。退货所产生的物流费用比正常送货高得多，所以要认真统计，及时总结，将此信息反馈给相应的管理部门，以便改进措施。退货仓库的商品要及时通知供应商，退货的所有信息要传递给供应商，如退货原因、时间、数量、批号、费用、存放地点等，以便供应商能将退货商品取回，并采取改进措施。

其具体作业流程如图 6 - 1 所示。

根据流程可知，退货单流转处理如表 6 - 1 所示。

表 6 - 1　　　　　　　　　退货单流转处理说明

任务概要	退货单流转处理
节点控制	相关说明
①	公司相关部门对客户退货申请进行受理和公司内部处理结果的及时反馈工作

续　表

任务概要	退货单流转处理
节点控制	相关说明
②	接到客户退货通知，电话通知公司物流人员取货入仓，货运单据递交仓务部退货验收负责人
③	根据仓务部退货验收负责人提交的客户退货清单及处理意见及时给客户反馈和沟通
④	仓务部指定责任人接到客户退货后，对货品进行拆箱、核数、入库工作，同时详细填写《客户退货验收表》，对客户退货数据准确性负责
⑤	客户退货清单递交给财务部入账
⑥	仓务部负责对客户退货情况及退货处理结果进行整理建档，做到客户退货有据可查、有单可依

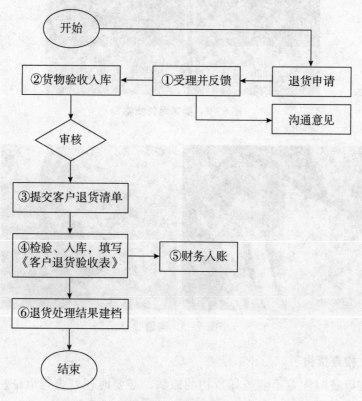

图 6 - 1　退货作业流程

任务实施

步骤一：明确退货原因

送货员小王在接到超市负责人的退货要求后，首先要做的就是退货的验收工作。该工作最主要的任务就是责任的划分，明确超市退货的原因，并与长风仓储中心工作人员沟通，进行信息的核实（退货原因：协议退货；有质量问题的退货；搬运途中损坏退货；商品过期退回；商品送错退回）（如图6-2、图6-3所示）。

图6-2　要求退货货物

图6-3　沟通

步骤二：检查货物

受理员在审核时注意不能破坏货物的原状，必要时还要进行取证。检查内容主要有：

1. 数量

进行数量验收时，首先清点货物的整件数量，除合同有明确规定，一般不需开箱检查清点箱内数量。经验收员王宇的仔细清点后，数量与送货单一致，此时在验收单上填写实际验收数量。

2. 质量

验收货物质量主要是检查货品的自然属性是否因物理及化学反应而造成负面的改变。检查商品包装的牢固程度；检查商品有无损伤，例如撞击，变形，破碎或人为的撬起、挖洞、开缝等。经王宇检查货物质量完好，质量验收完后将结果填入验收单，如图6-4所示。

3. 包装

首先要仔细核对外包装的数量、种类，验收外包装是否完好无损，包装材料、包装方式和衬垫物等是否符合合同规定，并核对条码；

其次，检查货物包装是否有污染、黏湿、雨淋的表现；

再次，检查货物是否有由于包装、结构性能不良或在装卸搬运过程中乱摔乱扔、摇晃碰撞而造成的包装破损。然后分别填写验收单，如图6-4所示；

最后，核查都无误后，验收员给客户填写检验结论并签收验收单。

待所有内容验收完成后，填写的验收单示例如图6-4所示。

图6-4 商品验收单

步骤三：接受退货

受埋员要安抚客户，并向客户赔礼道歉，表明同意退货，并处理退货。送货员在验收完货物后，填写直接将货物运回，如图6-5所示。

图6-5 接受退货

任务评价

表 6 - 2 结果评价考核

步骤	序号	考核标准	分值（分）	扣分
步骤一：明确退货原因	1	能够明确退货原因	30	
步骤二：检查货物	2	能够采取正确的方式检查货物	40	
步骤三：接受退货	3	能够完美处理退货问题	30	
合计			100	

 任务实训

讲述退货商品验收的具体操作步骤。

知识考核

技能题

某超市要求配送中心配送 800ml 的沐浴露 30 箱，由于仓管员的疏忽，错将 1600ml 的沐浴露 30 箱配送给超市，现在超市要求退货。

如果你是仓管员，是否同意退货？为什么？如果同意退货，你将如何展开作业？

任务二　退货处理

任务目标

1. 熟悉退货的核实方法，掌握"退货单"的填写方法，掌握货物的交接方式；
2. 能进行退货核实，能够填写"退货单"，能够对退货进行交接。

任务描述

2014 年 8 月 25 日长风物流的送货员周博给 A 超市送货，在进行货物交接时，有一箱果汁客户未订购，一箱方便面因为包装破损，客户拒绝签收，要求退货。如果你是周博，要如何处理客户的退货要求？

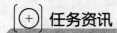 **任务资讯**

一、退货核查

当客户提出退货请求时，要对退货情况进行核查，只有符合要求的才进行退货。

（一）责任划分

向客户索取退货的原因，根据不同的情况要采取不同的措施。

1. 协议退货

若是与仓库订有特别协议的季节性商品、试销商品、代销商品等，协议期满后，剩余商品仓库给予退回的协议，只要符合协议约定，则无条件接受退货，且不必追究任何人的责任。

2. 有质量问题的退货

若是企业发出不符合质量要求的商品，接收单位提出的退货，仓库也将给予退换，并追究仓管员的责任。

3. 搬运途中损坏退货

商品在搬运过程中造成产品包装破损或污染，仓库将给予退回，并追究叉车司机或搬运人员的责任。

4. 商品过期退回

食品及有保质期的商品在送达接收单位时或销售过程中超过商品的有效保质期，仓库予以退回，并追究仓管员的责任。

5. 商品送错退回

送达客户的商品不是订单所要求的商品，如商品条码、品项、规格、重量、数量等与订单不符，都必须退回，并追究仓管员的责任。

除以上五种情况外，对客户的退货要求不予受理。

（二）核查要求

受理员在审核时注意不能破坏货物的原状，必要时还要进行取证。

二、"退货单"的填写

除了懂得进行退货审查，还要学会填写"退货单"。常见的"退货单"如表6-3

所示。

表 6 – 3 　　　　　　　　　　　　退货单

收货单位：　　　　　　　　　　　　　　　　编号：

收货地址：　　　　　　　　　　　　　　　年　　月　　日

货号	名称	规格	单位	数量	单价	金额								
						百	十	万	千	百	十	元	角	分
合计金额（大写）														

收货单位及经手人（盖章）　　　　　送货单位及经手人（盖章）

退货单上载明了收货单位、地址、货号、名称等信息，各项都要根据实际填写。

（1）收货单位：即发货的单位，要填写单位的全称。

（2）地址：要与合同一致。

（3）日期：以退货日期为准。

（4）货号：填写原发货单位的货号。

（5）名称及规格：填写货物的名称，规格与合同一致，而且不能漏掉。

（6）单位：与合同一致。

（7）数量：按照实际退货数量填写。

（8）单价：与合同一致。

（9）金额：与合同一致。

（10）合计金额：要求大写。

（11）双方签字盖章：必须是有权限的人进行。

三、退货订单录入

仓管员核实该货物和退货原因一致后，需要在系统中进行退货入库订单的录入并生成作业计划，退回的货物才能进行入库操作。由于质量原因等产生的不良品要存放在残品区，以免和正常货物混淆造成二次退换货作业，然后退回供应商处理。没有质量问题的商品需经过严格的重新入库登记，及时更新仓库管理信息系统数据，核销由于退货产生的费用，并将退货信息通知供应商。

四、客户意见记录

详细记录客户退货的原因，由于退货所产生的商品短缺、对质量不满意等客户端的问题是业务部门要重点解决的。退货所产生的物流费用比正常送货高得多，所以要认真统计，及时总结，将此信息反馈给相应的管理部门，以便改进措施。

客户还会对今后的业务操作提出意见，这些意见都是企业不断提高服务水平和客户满意度的标杆，所以要认真记录，对于可行的意见要落到实处，争取提高服务水平和客户满意度。

五、退货交接

受理员审核货物符合退货标准后，同意退货，对于退货，要完成好货物的交接工作。

（一）退货货物的处理

1. 协议退货或商品送错退回

对于协议退货或商品送错退回，应该做好重新入库的工作，并对货物入库做好登记工作。

2. 有质量问题的退货、搬运途中损坏退货

对于有质量问题的退货、搬运途中损坏退货，若对货物进行简单的流通加工可以恢复正常，则进行加工，然后货物重新入库，否则进行废物处理。

3. 商品过期退回

对于过期的货物，直接当作废物进行处理。

（二）退货赔偿

赔偿时可以与客户直接协商赔偿，也可以根据协议对退货进行赔偿。

✂ **任务实施**

步骤一：接收退货

送货员周博收到客户的退货要求，首先了解客户退货的原因，如是因商品质量原因退货的，送货员周博要核实商品是否确实有问题。

送货员周博判断客户的退货要求是否符合配送中心的退货标准，如符合，接受退货。如无法判断，则需向主管请示。

送货员周博填写退货单。退货单上要填写清楚商品名称、规格、数量和退货原因等，如表6-4所示。

表6-4   退货单

客户名称：A超市   退货日期：2014-8-25

退货单号	商品名称	规格	数量	出货单号	退货原因	备注
T1002001	康师傅果汁	箱	1	L2110001	客户未订购	
T1002002	康师傅方便面	箱	1	L2110005	包装破损	

制单：   仓库人员：   财务：

送货员周博将退回的货品随车运回配送中心。

步骤二：重新入库

送货员周博将退货单交给主管签字，然后将退回的货品和已签字的退货单交给仓管员李军。仓管员李军核实单据，清点退回的货品，将有问题的货品暂时放在退货区，避免与正常货品混淆。

仓管员李军首先进行退货的订单录入。仓管员李军登录订单管理系统，进入【订单管理】→【订单录入】，在此界面点击【新增】，在进入的界面点击【退货入库】。如图6-6所示。

在【订单信息】界面填写客户码、订单来源、紧急程度、下达时间。

在【订单入库信息】界面填写库房、入库方式、预计入库时间。

在【订单货品】界面填写货品相关信息。

点击【保存订单】。选中刚才新增的订单，点击【生成作业计划】。在弹出的界面，核对订单信息，确认无误，点击【确认生成】，订单录入完毕。

仓管员李军进行入库上架操作，将退货放入仓库指定的位置。

步骤三：财务结算

在进行结算时，配送中心财务人员要根据退货单剔除退回货品的金额。如客户已经支付了货品的费用，财务人员则准备现金或支票退款，由送货员将退回的费用交给客户。客户在收取退款时在退款单【接收人】一栏上签字确认，如表6-5所示。

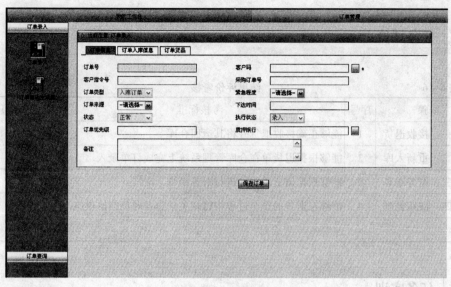

图 6-6 重新入库

表 6-5 退款单

客户名称：A 超市　　　　　　　　　　退款日期：2014-8-25

退货单号	商品名称	数量	单价（元）	总额（元）	退款原因	备注
T1002001	康师傅果汁	1	40	40	客户未订购	
T1002002	康师傅方便面	1	70	70	包装破损，退货	
				合计金额（元）	110	

制单：　　　　　　财务：　　　　　　接收人： □

步骤四：跟踪处理

在整个退货作业的过程中，客服员都要及时跟进，将退货处理结果、退款金额、时间等信息反馈给客户，将退货原因、时间、数量、批号、费用、存放地点等信息反馈给供应商。

任务评价

表 6-6   结果评价考核

步骤	序号	考核标准	分值（分）	扣分
步骤一：接收退货	1	能够正确接收退货并将其运回仓库	20	
步骤二：重新入库	2	能够根据退货单在仓库管理系统上完成订单录入	30	
步骤三：财务结算	3	能够根据退货单正确进行财务结算	30	
步骤四：跟踪处理	4	能够在退货的整个过程中将相关信息及时反馈给供应商	20	
		合计	100	

任务实训

2012 年 7 月 31 日上午，客户苏宁电器（王城店）致电长风物流中心的客服员蓝盈，8 月 1 日下午 12 点前送 10 箱饮水机到苏宁电器（王城店），客服告知 K 库主管，安排出库。8 月 1 日上午送货员将 10 箱饮水机送至苏宁电器（王城店），由于有两箱饮水机的型号与客户要求的不符，客户拒收了，送货员就将这两箱饮水机拉回库房，与 K 仓库的仓管员李刚进行交接。

退货货物的信息如下：

商品名称	单位	单价（元）	数量	外包装尺寸
饮水机	箱	299	2	350mm×380mm×1025mm

退货客户信息如下：

客户名称	库房	入库类型	入库方式	订单来源
苏宁电器（王城店）	K 库	退货入库	送货	电话

假设你是 K 库管理员李刚，请完成这 2 箱饮水机的退货作业操作。

 ## 知识考核

技能题

2012 年 8 月 2 日，长风仓储物流中心接受联华超市的退货要求，退回的货物信息为：盼盼肉松饼，64 元/箱，1 箱，盐津话梅，137 元/箱，1 箱。

假设你是仓管员，请根据退货信息填写退货单。

退货单

收货单位：　　　　　　　　　　　　　　　　　　编号：

收货地址：　　　　　　　　　　　　　　　　　　　　　年　　月　　日

货号	名称	规格	单位	数量	单价	金　额								
						百	十	万	千	百	十	元	角	分
合计金额（大写）														

收货单位及经手人（盖章）　　　　　　送货单位及经手人（盖章）

模块七　维护仓库整洁与安全

任务一　仓库5S管理

📍 任务目标

1. 掌握5S管理的内涵；

2. 掌握维护仓库整洁的方法；

3. 能够发现仓库不整洁之处，并能提出合理的改进意见。

✂ 任务描述

近期，长风仓储物流中心的相关领导对长风仓库进行了突击检查，结果发现仓库十分混乱，经常发生无法正常发货的事情。张主任作为长风仓储中心的领导，决定用5S的方法加强对仓库的管理。

那么，张主任具体应该如何进行仓库5S管理呢？

⊕ 任务资讯

一、5S的含义

"5S"是整理（Seiri）、整顿（Seiton）、清扫（Seiso）、清洁（Seikeetsu）和素养（Shitsuke）这5个词的缩写。因为这5个词的日语罗马拼音的第一个字母都是"S"，所以简称为"5S"，开展以整理、整顿、清扫、清洁和素养为内容的活动，称为"5S"活动。

1. 整理（Seiri）：区分要与不要的物品，现场只保留必需的物品

整理就是把要与不要的人、事、物分开，再将不需要的人、事、物加以处理，对生产现场的现实摆放和停滞的各种物品进行分类，区分什么是现场需要的，什么是现

场不需要的；其次，对于仓库里各个工位或设备的前后、通道左右、厂房上下、工具箱内外，以及仓库的各个死角，都要彻底搜寻和清理，达到现场无不用之物。

2. 整顿（Seiton）：必需品依规定定位、定方法摆放整齐有序，明确标示

整顿是把需要的人、事、物加以定量、定位。通过前一步整理后，对生产现场需要留下的物品进行科学合理的布置和摆放，以便用最快的速度取得所需之物，在最有效的规章、制度和最简洁的流程下完成作业。以下是"整理"的几个操作要点：

（1）物品摆放要有固定的地点和区域，以便于寻找，消除因混放而造成的差错；

（2）物品摆放地点要科学合理。例如，根据物品使用的频率，经常使用的东西应放得近些（如放在作业区内），偶尔使用或不常使用的东西则应放得远些（如集中放在仓库某处）；

（3）物品摆放目视化，使定量装载的物品做到过目知数，摆放不同物品的区域采用不同的色彩和标记加以区别。

3. 清扫（Seiso）：清除现场内的脏污、清除作业区域的物料垃圾

清扫就是要将工作场所之污垢去除，使异常之发生源很容易发现，是实施自主保养的第一步，主要是在提高设备稼动率。以下是"清扫"的几个操作要点：

（1）自己使用的物品，如设备、工具等，要自己清扫，而不要依赖他人，不增加专门的清扫工；

（2）对设备的清扫，着眼于对设备的维护保养。清扫设备要同设备的点检结合起来，清扫即点检；清扫设备要同时做设备的润滑工作，清扫也是保养；

（3）清扫也是为了改善。当清扫地面发现有飞屑和油水泄漏时，要查明原因，并采取措施加以改进。

4. 清洁（Seikeetsu）：将整理、整顿、清扫实施的做法制度化、规范化，维持其成果

清洁就是通过对整理、整顿、清扫活动的坚持与深入，从而消除发生安全事故的根源。创造一个良好的工作环境，使职工能愉快地工作。以下是"清洁"的几个操作要点：

（1）仓库环境不仅要整齐，而且要做到清洁卫生，保证工人身体健康，提高工人劳动热情；

（2）不仅物品要清洁，而且工人本身也要做到清洁，如工作服要清洁，仪表要整洁，及时理发、刮须、修指甲、洗澡等；

（3）工人不仅要做到形体上的清洁，而且要做到精神上的"清洁"，待人要讲礼貌、要尊重别人；

（4）要使环境不受污染，进一步消除浑浊的空气、粉尘、噪声和污染源，消灭职

业病。

5. 素养（Shitsuke）：人人按章操作、依规行事，养成良好的习惯，使每个人都成为有教养的人

素养就是要努力提高员工的自身修养，使员工养成良好的工作、生活习惯和作风，让员工能通过实践 5S 获得人身境界的提升，与企业共同进步，是 5S 活动的核心。

二、5S 管理的目标

（1）"两齐"：库容整齐、堆放整齐。

（2）"三清"：数量、质量、规格清晰。

（3）"三洁"：货架、货物、地面整洁。

（4）"三相符"：账、卡、物一致。

（5）"四定位"：区、架、层、位，对号入座。

三、5S 管理的执行标准

（一）区域与标识

（1）区域划分清晰，区域名称、责任人明确标识；

（2）货架上的区域号码应准确、牢固；

（3）外包装箱上的标识必须清晰、牢固，标识中的零件名称、规格、数量必须与箱内的实物一致；

（4）高库位的托盘右下角必须贴有该库位的库位号。

（二）整理

（1）高库位的货物上不许存在飘挂物。

（2）货架上的货物放置应遵从如下原则：同一类型或同一项目的货物集中放置；重量按照由重到轻的次序；取用频次由多到少。

（3）破损的包装应及时修补或者更换。

（4）托盘中除存储物品外不得有任何杂物。

（5）区域内不得存放非本区域的货物。

（6）所有桌面、操作台面上只得放置加工单、笔、计算工具、电子秤等工作直接必需品；严禁放置废品、手套、帽子、水杯、笔筒等非直接物品。

（7）消防区域内无杂物。

（三）整顿

（1）各区域中货物占用的托盘必须平行、同向码放，不得歪斜排列；

（2）码放在托盘上的货物，原则上不允许超出托盘，货物码放应整齐，不许斜放；

（3）同一托盘中的同一种货物要码放在一起，并且确保有一箱的标识冲外；

（4）一层（含）以上库位上的木托盘朝向通道的部分，应部分超出货架横梁，确保木托盘均衡地压在货架上；

（5）所有包装不得敞口放置，已经拆开使用的包装必须封闭（胶带）；

（6）饮水区的杯子，使用完毕后必须放回柜中；

（7）所有叉车在指定位置停放时必须方向一致、姿态一致；

（8）叉车不得在没有使用者的情况下停放在非指定的任何位置上；

（9）发料标识应注明发放的零件号、数量、发料人（编号）、发料时间；

（10）物料码放整齐。

（四）清扫

（1）存储的货物干净无灰尘、水渍等；

（2）地面无散落的零件及废纸、包装、胶带等垃圾；

（3）消防器材整齐洁净。

（五）清洁

（1）文件、单据分类清晰，文字填写清楚，资料整洁；

（2）现场的各类工具必须定位、定人管理，并按时清洁保养；

（3）电动叉车按照规定进行点检。

（六）素养

（1）工服、工帽穿戴整齐，符合公司要求；

（2）遵守《操作员工手册》的各项规章制度；

（3）注意节电节水。

✂ 任务实施

步骤一：整理仓库

整理主要是对办公区的办工作及仓库货物进行整理，如办公桌、文件柜、放物架上的过期表单、文件、资料等应摆放整齐，除此之外还有私人物品不能过多地摆放在办工桌上，解决生产现场堆积的物品。整理步骤具体如图7-1所示。

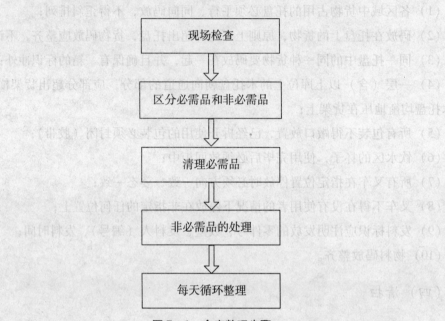

图7-1　仓库整理步骤

图7-2　清理不必要物品

步骤二：整顿仓库

把不必要的物品清理掉，留下的有限物品再加以定点，定位，定量放置（除了空间宽敞以外，更可免除物品使用时的找寻事件，且对于过量的物品也可及时处理）。仓库整顿步骤如图7-3至图7-5所示。

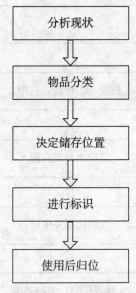

图 7 − 3　仓库整顿步骤

图 7 − 4　定置定位

图 7 − 5　标识管理

步骤三：清扫仓库

清除仓库工作场所内的脏污，并防止脏污的发生，保持工作场所的干净漂亮。清扫步骤如图 7 − 6 所示。

步骤四：清洁仓库

把现有的整理、整顿及清扫所取得的成果作为标准并在实践过程中加以运用。这一原则确保所取得的成果得以维持，所付出的努力不会白费。清洁步骤如图 7 − 7 所示。

步骤五：素养形成

人人依规定行事，养成良好的习惯，培养积极进取的精神。素养实施要领有以下几点：

（1）统一服装（管理、颜色）；

（2）制定礼仪守则（问候、敲门、打招呼等）；

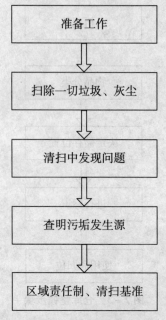

图 7 - 6　仓库清扫步骤

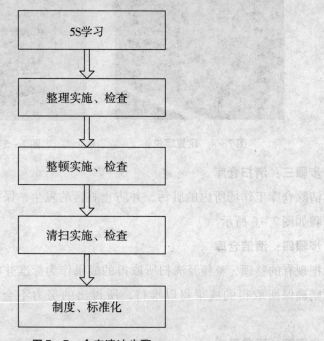

图 7 - 7　仓库清洁步骤

（3）加强培训（审美、观念）；

（4）推动各种精神提升活动（表彰）；

（5）制造环境，气氛。

通过以上五个步骤，就可以实现对仓库的 5S 管理。

任务评价

表 7 – 1 结果评价考核

步骤	序号	考核标准	分值（分）	扣分
步骤一：整理仓库	1	能够正确的区分必需品和非必需品	20	
步骤二：整顿仓库	2	能够合理进行货物分类与物品的储存位置	20	
步骤三：清扫仓库	3	能够准确查明污垢发生源	20	
步骤四：清洁仓库	4	能够进行仓库 5S 管理的制度标准化	20	
步骤五：素养形成	5	能够理解素养实施要领	20	
合计			100	

任务实训

通过参观、观看相关视频及查阅资料，写出企业在实际应用当中有哪些 5S 管理的方法以及它们的实施要点与应用图示，如表 7 – 2 所示。

表 7 – 2 企业 5S 管理方法

方法	实施要点	应用图示	备注
1. 颜色管理（示例）	运用工作人员对色彩的辨别能力和特有的联想力，将复杂的管理问题，简化成不同的色彩，以直觉与目视的方法，呈现问题的本质和改善问题的情况，使每一个人都对问题有相同的认识和了解。 红色：表示禁止、停止、消防和危险；（——） 黄色：表示注意和警告；（——）	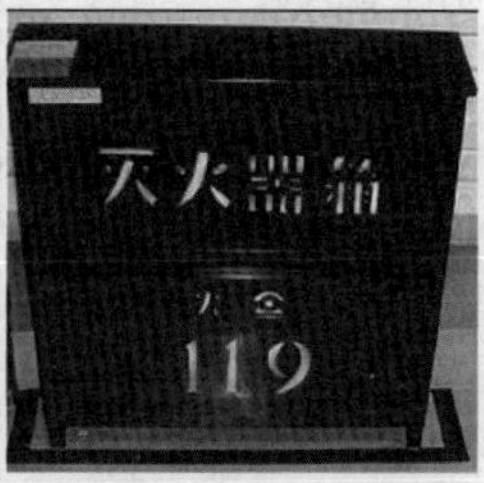 红色使用区域—消防  红色使用区域—危险	注意：这些是较为通用的颜色要求，不同的公司或仓库可以根据自身的规范，但就同一个公司或一个厂区而言，颜色管理必须注意统一

续　表

方法	实施要点	应用图示	备注
1. 颜色管理 （示例）	蓝色：表示指令和必须遵守的规定；（——） 绿色：表示通行、安全；（——） 黄黑条纹：表示需特别注意（〰〰）	 红色使用区域—停止 （料架最小库存量）  黄色使用区域—注意 （楼梯台阶）  黄色使用区域— 注意（开门处）  黄色使用区域—注意 （地面道路标志）  黄色使用区域—警告 （料架最大库存量）	

方法	实施要点	应用图示	备注
1. 颜色管理 （示例）		 蓝色使用区域—必须遵守 （物品固定位置）  蓝色使用区域—必须遵守 （物品固定位置）  黄黑条纹使用区域— 需要特别注意的区域 （设备、机器等） 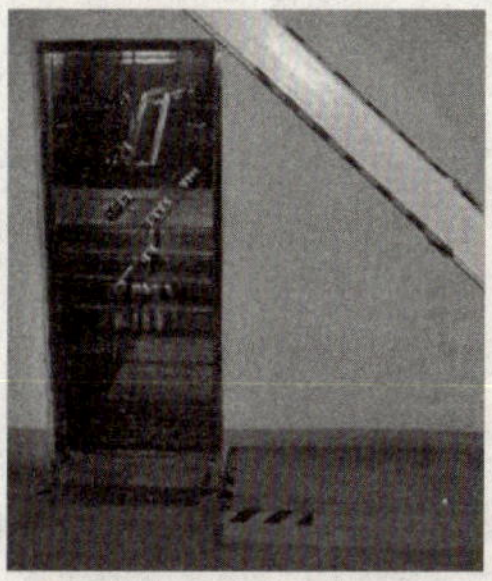 黄黑条纹使用区域— 需要特别注意的区域 （周边环境）	
2. 标识管理			
3. 定点照相			
4. 红单作战			
5. 看板管理			

方法	实施要点	应用图示	备注
6. 定置定位			
7. 其他			

知识考核

（一）单选题

1. 区分工作场所内的物品为"要的"和"不要的"是属于 5S 中的（　　）。

A. 整理

B. 整顿

C. 清扫

D. 清洁

参考答案：A

2. 5S 中（　　）是针对人的品质的提升，也是 5S 活动的最终目的。

A. 整理

B. 整顿

C. 素养

D. 清洁

参考答案：C

（二）多选题

1. 下列有关"整理"的做法，正确的有（　　）。

A. 常用的物品放置于工作场所的固定位置或近处

B. 会用但不常用的物品，放置于储存室或货仓

C. 很少使用的物品放在工作场所内固定的位置

D. 不能用或不再使用的物品进行废弃处理

参考答案：ABD

2. 下列有关"整顿"的做法，正确的有（　　）。

A. 将已确定无用的物品及时清除，腾出更多的空间，并加以利用

B. 整理有用的物品，规划存放位置并加以标识

C. 建立物品存放、管理的有效方法，使之整齐、有条理

D. 对有用的物品加以合理管制，防止混乱

参考答案：BCD

3. 下列有关"清扫"的做法，正确的有（　　）。

A. 从地面到墙壁到天花板，对整个空间的所有角落进行彻底清扫

B. 机器、设备、设施、工具的清洁，防止工具、手套等变成污染源影响产品质量

C. 机器、设备底部及转动部位是卫生死角，可以不用注意

D. 细心寻找污染源及消除污染源，是清洁工作的关键所在

参考答案：ABD

（三）判断题

1. 清洁是将整理、整顿、清扫这 3S 实施的做法制度化、规范化，并贯彻执行及维持的成果。（　）

参考答案：正确

2. 开展 5S 容易，但要长时间的维持 5S 管理的效果必须靠素养的提升。（　）

参考答案：正确

3. 5S 管理需要全员参与，如果有部分员工跟不上进度或是内心抵制，5S 管理就会失败。（　）

参考答案：正确

（四）识图题

下表列出了一些 5S 管理的实施步骤，结合学过的知识点，写出它们的含义以及应用实例。

流程图	序号	含义
现场检查 ↓ 区分必需品和非必需品 ↓ 清理必需品 ↓ 非必需品的处理 ↓ 每天循环整理	1	整理，就是把要与不要的人、事、物分开，再将不需要的人、事、物加以处理，对生产现场的现实摆放和停滞的各种物品进行分类，区分什么是现场需要的，什么是现场不需要的；其次，对于仓库里各个工位或设备的前后、通道左右、厂房上下、工具箱内外，以及仓库的各个死角，都要彻底搜寻和清理，达到现场无不用之物

流程图	序号	含义
分析现状 → 物品分类 → 决定储存位置 → 进行标识 → 使用后归位	2	整顿，是把需要的人、事、物加以定量、定位。通过前一步整理后，对生产现场需要留下的物品进行科学合理的布置和摆放，以便用最快的速度取得所需之物，在最有效的规章、制度和最简洁的流程下完成作业
准备工作 → 扫除一切垃圾、灰尘 → 清扫中发现问题 → 查明污垢发生源 → 区域责任制、清扫基准	3	清扫，就是要将工作场所之污垢去除，使异常之发生源很容易发现，是实施自主保养的第一步，主要是在提高设备稼动率
5S学习 → 整理实施、检查 → 整顿实施、检查 → 清扫实施、检查 → 制度、标准化	4	清洁，就是通过对整理、整顿、清扫活动的坚持与深入，从而消除发生安全事故的根源。创造一个良好的工作环境，使职工能愉快地工作

任务二 仓库安全维护

任务目标

1. 掌握维护仓库安全的方法；
2. 能够发现仓库安全隐患，并能提出合理的改进意见。

任务描述

长风仓储配送有限公司近期发生了多起物品受损、丢失等事故，仓库主管了解到这一情况后，为了确保仓库内储存货物在保管中不会再出现各种受损情况，决定将提高仓库的防盗、防火、防水、防电能力，并改善仓库的安全作业水平。

仓库主管安排仓管员李宁每天对仓库内安全隐患进行重点排查一次，他该如何开展仓储安全工作呢？

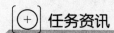 任务资讯

一、仓库安全的内容

仓库的安全包括货物的安全、库房的安全以及库房设施的安全。维护仓库安全应该做到尽量避免安全事故的发生，以及当事故不慎发生时能将成本降到最低。

（一）货物安全

（1）仓库存放货物前要留意仓库是否做好防水、防潮、防虫等工作；

（2）对货物进行盘点，发现货物异常及时处理，以避免情况的恶化；

（3）不得将物料、产品直接放置于地面，应放在托盘等上面。

（二）库房安全

（1）任何人未经仓管部负责人批准不得擅自进入库房；

（2）在库房内进行交接物料或成品时，除相关人员，其余人员不得进入库区；

（3）如遇特殊情况保管员需暂时离岗，应关闭仓库大门，并随身携带仓库钥匙，离岗时间不得超过10分钟；

（4）下班时保管员负责关闭仓库内所有门、电源、排风扇及其他设备；

（5）仓库管理员在上班前应检查库房各处有无异常现象。

（三）库房设施安全

（1）库房设专人负责安全防火工作；

（2）按规定加强对易燃、易爆品的安全管理，做到当班用，当班领；

（3）按国家有关消防技术规范配备消防设施和器材。设立醒目的防火安全设施，并能正确使用消防器材、设施，定期检查消防器材，已过使用期应及时更换，做到安全、有效；

（4）消防器材严禁埋压、挪用；

（5）严禁在库区动用明火；

（6）库房内不得使用电炉、电烙铁、电熨斗、供热器等电热器具；

（7）库房内消防通道应随时保持通畅；

（8）库房内使用的照明灯具必须符合安全、消防部门的规定。库房老化、裸露的电线须及时更换。

二、日常工作安全要求

（一）叉车安全

叉车运行前后准备工作：

（1）必须穿着工作服、反光背心；

（2）操作前需预热5分钟，操作后需冷却5分钟；

（3）定期检查有无泄漏、松动、变形；

（4）不使用明火检查易燃部位，不在发动机运转时加油。

（二）叉车运行操作注意事项

（1）坐稳后方可操作，启动前调整座椅以便手脚操作；

（2）上下叉车时使用安全踏脚和把手，叉车运行时禁止上下车；

（3）启动前确保松开停车制动手柄，前进—后退手柄置于空挡，确保前后无人方可启动叉车；

（4）叉车停在平地拉上制动手柄，停在坡地上要用砌块垫住车轮；

（5）开车时操作应平稳，避免急停、急开、急转；

（6）开车时严禁载客，注意出入口、注意他物、远离易燃易爆品，夜间慢速行驶；

（7）货叉保持标准运行状态行驶（离地15～30cm），负载运行尽量降低货物高度；

（8）先停车后倒车、倒车下坡、前进上坡；

（9）了解叉车和属具的原载荷，禁止超载，尽可能不要将货叉伸出货物；

（10）禁止起升不稳货物，货物出于高位时不要倾斜货架；

（11）在车间内行驶时时速不超过5千米，厂区内行驶时速不超过10千米，进出车间和行驶在人多的路口时必须减速或鸣喇叭禁止将叉车交给其他人员驾驶，离开叉车时将车停在不妨碍交通的地点，并将车锁好；

（12）禁止将叉车交给其他人员驾驶，离开叉车时将车停在不妨碍交通的地点，并将车锁好。

三、库房防火知识

库房防火方针以预防为主，防患于未然才能从根本上杜绝火灾的发生。

（一）火灾种类（如表 7 - 3 所示）

表 7 - 3　　　　　　　　　　　　　　火灾种类

类别	说明
A 类固体物质火灾	木材、煤、棉、毛、麻、纸张等引起的火灾
B 类液体及可融化固体火灾	汽油、原油、沥青、石蜡等引起的火灾
C 类气体火灾	燃气、天然气、甲烷、乙烷、丙烷、氢气等引起的火灾
D 类金属火灾	钾、钠、镁、钛、镐、铝等引起的火灾
E 类带电火灾	物体带点燃烧引起的火灾
F 类烹饪器具内的烹饪物火灾	动植物油脂烹饪时引起的火灾

（二）灭火器种类及适合火灾的类型（如表 7 - 4 所示）

表 7 - 4　　　　　　　　　　　　　　灭火器类型

灭火器类型	适合火灾的类型
1. 干粉灭火器	一般用于扑救 B 类火灾，也可用于 A、C、D 类。
2. 泡沫灭火器	一般用于扑救 B 类油制品火灾，也可用于 A 类。
3. 1211 灭火器	一般用于扑救 B 类油制品火灾，也可用于 A 类。

（三）消防设施使用方法

1. 灭火器使用方法（如图 7 - 8、图 7 - 9 所示）

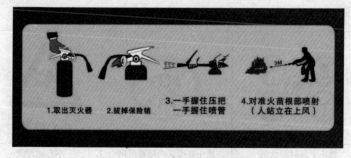

图 7 - 8　灭火器的使用图例

2. 消防栓使用方法

（1）打开消防栓箱外盖。

（2）取出水龙带，向火场方向展开。

（3）结合出水龙口与水龙带（快速接头结合），结合射水瞄子与水龙带（快速接头结合）。

(4) 持射水瞄子对准火场。

(5) 开启出水龙口，开始射水。

(6) 射水瞄子握把旋转，可调整水柱出水或水雾出水。

(7) 使用消防栓灭火需注意确认火场电源切离。

图 7-9　消防栓的使用图例

（四）火险处理方法

(1) 向周围人员示警。

(2) 第一时间通知保卫处。

(3) 若发生火灾，立即设法切断电源。

(4) 在安全的前提下，设法灭火、抢救伤员。

(5) 受到火势威胁时，立即打湿衣物、用湿布掩住口鼻从安全出口逃生。

(6) 室外着火，门已发烫时，千万不要开门，以防大火窜入室内。用浸湿的衣物等堵塞门窗，并泼水降温。

(7) 若所有线路被大火封锁，应立即退回室内，用手电筒、挥舞衣物、呼叫等方式向窗外发送求救信号，等待救援。

（五）其他注意事项（如图 7-10 所示）

图 7-10　注意事项标识

任务实施

仓管员李宁每天对仓库进行安全检查的流程如图 7 – 11 所示。

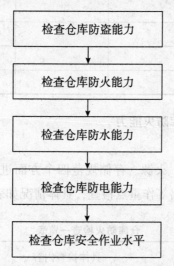

图 7 – 11 长风仓库安全管理项目检查流程

步骤一：检查并改善仓库防盗能力

仓管员李宁对仓库内的作业人员进行了几点强调，如表 7 – 5 所示，并写入仓库安全管理制度。

表 7 – 5	防盗措施
序号	防盗措施
1	仓管员对出入仓库人员的身份进行确认，做好记录；外部人员进入仓库，需要开立证明，防止危险人物混入
2	物品出库作业时，仓管员应注意现场作业情况，观察作业人员举动，防止作业人员将物品夹带出去
3	严格执行各类物品的入库、领用、借用、归还、清退、交换、核对制度
4	严格执行仓库出入检验制度，出入物品上应注明品名、规格、数量，确认单、物相符后方可放行
5	检查仓库的防盗设施设备情况，检查完毕后填写"仓库防盗设备情况一览表"，如表 7 – 6 所示，如有损坏，及时修缮

表7－6   仓库防盗设施设备情况一览表

序号	防盗设施设备	数量	完好程度	使用有效期	备注
1					
2					
3					
4					
5					
6					

步骤二：检查并改善仓库防火能力

1. 日常检查

李宁从电器设备、器械、火源、存储规范四个方面进行检查，确认是否存在火灾隐患，对易燃物品、电线线路等作重点检查，具体情况如表7－7所示。

表7－7   仓库防火检查一览表

序号	防火检查项目	具体检查内容	相关文件
1	电气设备	检查用电负荷、电线等	电气设备位置图
2	器械	叉车进入库区是否有防护罩、是否存在易产生火花的工具；器械是否在库房内修理等	器械检查记录、器械使用规范
3	火源	易燃物是否及时清理；库区是否使用明火等	火源检查记录
4	存储规范	易燃物品是否被隔离；易燃物品是否出现跑、冒、滴、漏等现象；灯具与物品的距离是否适宜；是否检查通风散热状况等	存储检查记录

2. 隐患处理

仓管员李宁要求仓库内的每个作业人员在发现仓库某处有火灾隐患时，应立即进行处理，并上报上级。

3. 检查仓库的消防设置情况

认真检查本仓库的消防设施设备情况，保证设备完好、数量足够，检查完毕后填写"仓库消防设备情况一览表"，如表7－8所示；及时更换损坏或过期的消防设施设备。

表7-8　　　　　　　　　　仓库消防设施设备情况一览表

序号	消防设施设备	配置数量	保养情况	报废年限	备注
1	灭火器				
2	消防水桶				
3	消火栓箱				
4	防火墙				
5	防火隔离带				
6	防火门				
7	消防应急灯				
8	消防应急包				

4. 事前的预防措施，防止火灾的发生

在物品入库前，仓管员应确定无火种隐患后，方准入库；将使用过的油棉纱、油手套等纤维物品和可燃包装存放在安全地点，及时处理；冬季供暖时，散热器、供暖管道与存储物品的距离大于0.3米；清理库区的消防通道和仓库的安全出口，保证没有堆放物品。

步骤三：检查并改善仓库防水能力

仓管员李宁积极进行仓库防水工作，防止物品受潮或受水浸泡，具体检查内容如表7-9所示。

表7-9　　　　　　　　　　仓库防水检查一览表

序号	防水检查项目	具体检查内容
1	地面	地面是否存在积水现象；供水管道是否存在漏水现象；下水管道是否存在堵塞情况等
2	墙壁	墙壁防水材料是否脱落；墙壁是否有水珠出现等
3	顶棚	顶棚防水漆是否脱落；防雨布是否破损；顶棚是否有漏洞等

步骤四：检查并改善仓库防电能力

仓管员李宁在日常进行电器检查、电路检查工作，确保线路正常运行。

（1）日常检查

具体检查内容如表7-10所示。

表 7 – 10   仓库防电检查一览表

序号	防电检查项目	具体检查内容
1	线路	插座与线头接口是否牢固；线路更新是否及时；临时线路设施是否合理；保险装置是否有效；电闸箱是否完好等
2	灯具	白炽灯使用寿命是否良好；应急灯状态是否良好等
3	电路的设置	主电路设置是否合理；作业设备的电路设置是否符合要求；照明设备的电路设置是否合理；风扇的电路设置是否正确；预警线路连接是否正确；备用线路状态是否良好等
4	开关	主闸设置是否合理；区域电闸的设置是否合理；单个开关设置是否合理等
5	防静电作业	每日工作前是否接受静电检查；每日工作时是否佩戴防静电腕带；进入工作室时是否穿防静电服；易产生静电的地方是否粘贴、悬挂防静电标志；车辆打火时是否到指定区域进行；车辆作业时是否悬挂导地铁链；地面是否安装防静电体；作业时是否使用非金属材料工具；作业前是否消电、消磁等

（2）防电管理预防措施（如表 7 – 11 所示）

表 7 – 11   防电管理预防措施

序号	预防措施
1	对燃点较低的物品，不准使用碘钨灯和超过 60 瓦以上的灯具高温照明，不准用可燃材料做灯罩
2	库房内不能设置移动式照明灯具
3	照明灯具垂直下方与储存物品水平间距离不得小于 0.5 米
4	库房内铺设的配电线路，需穿金属管或用非燃硬塑料管保护
5	库房内不准使用电炉、电烙铁、电熨斗等电热器具和电视机、电冰箱等家用电器
6	制定防雷设施规范，设置防雷装置，并定期检测，保证有效
7	仓库的电器设备，必须由持上岗证的电工进行安装、检查、维修和保养

步骤五：检查并改善仓库安全作业水平

1. 检查仓库的安全作业情况

李宁认真检查了远通仓库的安全作业情况，并通过对仓库日常入库、储存、包装、装卸、移位、出库等操作的安全方面进行指引和规定，以保证仓库日常工作的有序和安全的进行。

2. 安全作业管理预防措施（如表 7 – 12 所示）

表 7 – 12 安全作业管理预防措施

序号	预防措施
1	健全各种安全管理制度
2	加强劳动安全保护
3	加强对职工的安全培训
4	执行机械作业安全规定
5	执行危险品作业安全规定
6	加强电器设备作业安全

任务评价

表 7 – 13 结果评价考核

步骤	序号	考核标准	分值（分）	扣分
步骤一：检查并改善仓库防盗能力	1	能够牢记仓库防盗措施	20	
步骤二：检查并改善仓库防火能力	2	能够明白仓库防火检查内容	20	
步骤三：检查并改善仓库防水能力	3	清楚仓库防水检查内容	20	
步骤四：检查并改善仓库防电能力	4	明白仓库防电检查内容	20	
步骤五：检查并改善仓库安全作业	5	能够理解仓库安全作业预防措施	20	
合计			100	

任务实训

仓库安全警示标语是仓库安全文化的重要的表现形式之一。通过参观、观看相关视频及查阅资料，写出在企业的实际应用当中有哪些令你印象深刻的安全警示标语。

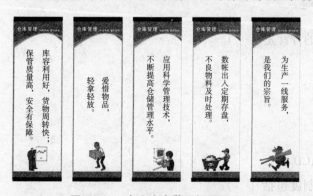

图 7 – 12 仓库安全警示标语图示

👥 **知识考核**

（一）单选题

1. 目前人们在生产、生活和社会活动等主要场所中最普遍采用的一种固定灭火设备是（　）。

    A. 细水雾灭火系统

    B. 自动水喷淋灭火系统

    C. 二氧化碳灭火系统

    D. HLK 超细干粉灭火系统

    参考答案：B

2. 带电火灾，指带电物体燃烧的火灾，它属于（　）类火灾。

    A. A 类

    B. C 类

    C. D 类

    D. E 类

    参考答案：D

3. 以含碳固体物质（有机物质）为可燃物的火灾为（　）。

    A. A 类

    B. B 类

    C. C 类

    D. D 类

    参考答案：A

（二）多选题

1. 消防工作的方针是（　）。

    A. 以防为主

    B. 以消为主

    C. 以消为辅

    D. 消防结合

    参考答案：ACD

2. 治安保卫制度包括（　）。

A. 门卫制度

B. 执勤制度

C. 交接班制度

D. 防火制度

参考答案：ABCD

3. 仓库安全管理主要包括的方面有（　　　）。

A. 治安保卫

B. 防毒防霉

C. 消防工作

D. 安全操作

参考答案：ACD

参考文献

［1］郑彬．现代物流基础［M］．北京：中国财政经济出版社，2007．

［2］孙红菊．物流师（仓储配送）三级理论基础篇［M］．北京：中国劳动社会保障出版社，2012．

［3］孙红菊．物流师（仓储配送）三级实务操作篇［M］．北京：中国劳动社会保障出版社，2012．

［4］钱芝网．仓储管理实务情景实训［M］．北京：电子工业出版社，2008．

［5］刘渝．物流师基础［M］．北京：中国劳动社会保障出版社，2005．

［6］程淑丽．物流管理职位工作手册［M］．2版．北京：人民邮电出版社，2007．

［7］马骏，白光利．仓储实务［M］．北京：中国财富出版社，2010．

［8］关杰．物流配送与仓储实务［M］．重庆：重庆大学出版社，2011．

［9］杜艳红，夏宇阳，王利蓉．仓储实务［M］．成都：西南交通大学出版社，2014．